Freie Fahrt für die Ingrine

Für Doris

    die mir den Antrieb gab . . . .

Michael Reymann

Freie Fahrt für die Ingrine

Von der Landratte zum Leichtmatrosen

Coverbild: Die INGRINE im Kanalhafen von Tonnerre am Canal de Bourgogne

Bibliografische Information der Deutschen Nationalbibliothek:

Die Deutsche Nationalbibliothek verzeichnet diese Publikation in der Deutschen Nationalbibliografie; detaillierte bibliografische Daten sind im Internet über http://dnb.dnb.de abrufbar.

© 2015   Michael Reymann

Lektorat: Ines Heuser, Bonn
Cover: Michael Reymann

Herstellung und Verlag: BoD – Books on Demand, Norderstedt

ISBN: 978-3-7392-1765-9

Inhaltsverzeichnis

Es kommt im Leben immer anders als man denkt	7
Aus C180 wird die Ingrine	38
Der Canal de Bourgogne	56
Das erste Mal Gäste an Bord	79
Lebensretter im Einsatz	95
Olympische Schleusenmanöver	100
Dijon , Cote d´Or	113
Wochenend und Sonnenschein	119
Abschleppservice	125
Vom Gare d´ Eau zum Waldkonzert	131
Gray, der Kreis schließt sich	140
Winter in der Franche-Comté	155
Frühlingserwachen	186
Ostergrillen im Burgund	193

Es kommt im Leben immer anders als man denkt

Da plant man nichts ahnend eine Urlaubstour mit einem Mietboot in die Camargue in Südfrankreich und findet sich als Besitzer eines ehemaligen Charterbootes in der Franche-Comté wieder.

Auf was habe ich mich da nur eingelassen?

Aber langsam und alles der Reihe nach . .

Es fing alles so harmlos an.

Den Winter über hatte ich mich damit beschäftigt, alte Fotos und Videoaufnahmen zu digitalisieren, um der Familie diese Erinnerungen für spätere Zeiten zu archivieren und zu erhalten. Dabei fielen einem auch viele längst vergessene Motive in die Hände und es wurden unzählige alte Erinnerungen geweckt.

Wie war das damals noch gleich gewesen? Wer war das noch einmal? Wann und wo war dieses Bild denn aufgenommen worden?

Viele Fragen traten dabei auf und oftmals konnte man aus der Erinnerung einige Dinge und Zusammenhänge zeitlich nicht mehr korrekt in die richtige Reihenfolge einordnen, dann wurde weiter in Fotoalben geblättert, gesucht, um die Erinnerungslücken zu füllen, und vielfach hatte man die fehlenden Lücken auch gefunden.

Meine Frau war vor einigen Jahren verstorben und so hatte ich keine zusätzliche Quelle der Erinnerungen, die ich mal eben kurzfristig befragen konnte.

Mit meiner neuen Lebensgefährtin zusammen hatten wir bei entsprechender Gelegenheit in alten Bildern und Videos aus meiner langen Zeit der Verbundenheit nach Frankreich gestöbert und je mehr man sich mit den alten Sachen beschäftigte, umso mehr baute sich bei mir auch so etwas wie ein wenig Wehmut und Heimweh auf. Ich vermisste die alten Zeiten, ich vermisste die Fahrten nach Frankreich, ich vermisste das Leben dort.

Mit meiner Frau und unseren beiden Söhnen hatten wir viele Jahre unsere Urlaube in Frankreichs Süden an der Cote de Provence verbracht, zwischen Marseille und Toulon, unweit vom Badeort Saint Cry sur Mer.
Meine neue Lebensgefährtin kannte weder diesen Bereich von Südfrankreich und der Provence noch hatte ihr Frankreich bisher überhaupt gefallen oder gereizt.

Eine einmalige Frankreichreise nach Paris einige Jahre zuvor hatte sie in keiner sehr guten Erinnerung gehalten, es hatte ihr dort überhaupt nicht gefallen. Die Leute in den Hotels und Restaurants seien ihrem Empfinden nach unhöflich und gar nicht freundlich gewesen, alles erschien ihr so teuer und viele Dinge mehr gaben den Ausschlag für ihr abneigendes Interesse, das Land erneut zu besuchen.

„Ja, Du warst ja auch in Paris, aber das ist doch nicht Frankreich!"

lautet meine Antwort an sie.

Und dann fing ich an zu erzählen und schwärmen und vertiefte mich in Geschichten über Land und Leute und wie das eigentliche Leben jenseits der großen Hauptstadt tatsächlich war. Wie man über die Dorfmärkte schlendert oder in einem Cafe sitzt und den Leuten auf der Strasse zusieht und auch zuhört, und wie der Franzose so viele Dinge im Leben einfach etwas lockerer sieht.

Und nicht nur Zeitabsprachen und Termine gehören dazu. . .

Ich hatte damit scheinbar ihr Interesse geweckt und unterstützt durch das Betrachten der Urlaubsbilder und Videos wurde der Entschluss gefasst, den gemeinsamen kommenden Sommerurlaub in

Frankreichs Süden zu verbringen, um ihr etwas von Land und Leuten zu zeigen.

Nun galt es nur noch, die Region zu wählen und uns eine geeignete Unterkunftsart für unseren Aufenthalt auszuwählen.

Die Camargue wollte sie unbedingt besuchen und kennen lernen, die Aussicht auf die vielen dort zum Teil noch frei und fast wildlebenden Tiere in der Natur des Rhônedeltas, die wir auch auf Fotos betrachten konnten, hatten es ihr angetan.

Über die Anmietung eines Wohnmobils als geeignetes Gefährt wurde kurz beraten, aber auf Grund der horrorhaften Mietpreise in der Sommerzeit und der ähnlich hoch zu erwartetden Nebenkosten, mit denen wir alleine für das Gefährt zu rechnen hätten, wurde diese Idee als unakzeptabel abgelehnt und verschwand von unserem Plan.

Für unser Geld müssen wir immer noch hart arbeiten gehen.

Mit Ferienanlagen, wie man sie aus anderen Urlaubsländern her kannte, sah es in dieser Region auch deutlich schlechter aus.

Zum Glück. Denn aus Naturschutzgründen war das Bauen solcher Touristenanlagen hier weitestgehend tabu. Als Alternative gab es einzig ein paar Campingplätze abseits der Camargue entlang der Mittelmeerküste, die man als Quartier wählen konnte. Sich dort aber ein Bungalow oder einen Wohnwagen für den Aufenthalt anzumieten konnte mich aber auch nicht so richtig reizen und überzeugen.

Durch das ansehen der vielen alten Videofilme und Fotos kam dann auch irgendwann leise das Thema Mietboot zum Gespräch, da ich so eine Mietbootanmietung in Südfrankreich in der Vergangenheit bereits zweimal mit der Familie gemacht hatte.

Das Thema war total neu für sie und hatte ihr Interesse geweckt, obwohl sie unsicher war, ob sie das Geschaukel in einem Boot aushalten würde. Die Preise wurden im Internet nachgesehen und waren kaum höher als für die Wohnwagenmiete auf einem Campingplatz in der Saison.

So wurde dann im Frühjahr 2010 der Entschluss gefasst, im Spätsommer eine Woche auf einem Mietboot den Urlaub zu verbringen.

Von St.Gilles aus, südlich von Arles und Avignon gelegen, sollte es über den Canal de Rhône a Sète und entlang der Camargue hinüber bis zum Canal du Midi gehen, je nachdem wie weit wir in dieser Woche kommen würden und wie es uns dort gefallen sollte.

Erneut gab es für uns Arbeit und es wurden dann im Internet zahlreiche Angebote studiert, online recherchiert und alles genauestens geplant, damit auch nichts schiefgehen würde.

Wir wollten nur mit zwei Personen auf die Bootstour gehen, dadurch war uns die Auswahl des geeigneten Bootes nicht so schwergefallen, da nur ein kleineres Boot von Größe und Preis für uns in Frage kam. Ruckzug war das passende Boot ausgewählt worden und für den Zeitpunkt unseres geplanten Urlaubes gebucht, ebenfalls Online, versteht sich.

Alles problemlos und kinderleicht.

Ich war doch schon ordentlich gespannt, wie ihr es gefallen würde, da Sie mit einem Urlaub auf einem Boot keinerlei Erfahrung hatte, für mich war es das berühmte gute dritte Mal.

Hatte das etwas zu bedeuten?

Die Reise wurde wie in der Buchung erwünscht pünktlich angezahlt und es ging als nächstes daran, aktuelle Reiseführer der Region für unsere Fahrt dorthin zu besorgen. Wir warteten in den folgenden Tagen auf die Buchungsbestätigung und derweil wurden bereits Alternativen besprochen, wie und wo wir auf Hin- und Rückreise noch zusätzliche Urlaubstage verbringen könnten, Frankreich ist groß und es gibt soviel zu sehen und zu besichtigen, es gab genug Orte auf der Anreisestrecke, die uns etwas zu erzählen hatten und bei denen sich ein Halt sicher lohnen würde. Von Düsseldorf aus in den Süden war es eine lange Strecke und wenn wir schon auf Hin- und Rückfahrt Übernachtungen einlegen mussten, dann konnte man das sicher mit einer Stadtbesichtigung oder etwas anderem interessanten Verbinden.

Aus irgendeinem Grunde hatte ich mich zu dieser Zeit aber nicht weiter damit beschäftigt, dies zu planen und zu organisieren, obwohl das eigentlich nicht so meine Art war, aber wir hatten ja noch reichlich Zeit vor uns.

Die nächsten Tage und Wochen vergingen und endlich lag auch nach geraumer Zeit unsere Buchungsbestätigung im Briefkasten, so wie erwartet und gebucht und so wie es sich auch gehört. Alle Daten wurden mit der Bestellung verglichen, alles war korrekt.

Der Brief enthielt neben den erwarteten Unterlagen zu unserer Reisebuchung weiteres Informationsmaterial für Anreise und Aufenthalt vor Ort, die Lage der Basis und deren Öffnungszeiten und eine Liste mit Dingen, die man mitbringen sollte, aber auch einen Prospekt, der dann später unser Leben verändern sollte.

Haben Sie schon einmal daran gedacht, ihr eigenes Boot zu besitzen?

So harmlos stand es dort auf dem Flyer gedruckt, der unserer Buchungsbestätigung beilag und auch noch Beschreibungen und Preise einer kleinen Auswahl an möglichen Booten an verschiedenen Standorten in Frankreich enthielt.

Aber anstatt den Flyer ins Altpapier zu geben, lag er dann einige Tage auf meinem Schreibtisch und lächelte mich an.

Und ich lächelte zurück.

Frankreich.

Wenn ich früher mit meiner Familie nach Frankreich in Urlaub fuhr war das in all den Jahren immer so etwas wie nach Hause kommen für mich.

Seit meiner Jugend hatte ich im Süden an der Cote de Provence meine Ferien verbracht. Zuerst in den Schulferien mit den Eltern in einem Wohnwagen, den wir bei einem befreundeten Weinbauer am Rande eines Weinberges stehen hatten, später dann zogen wir damit auf einen Campingplatz ins Hinterland, als das Weinfeld aus Altersgründen des Weinbauers verkauft wurde. Darauf folgten Jahre in einem eigenen Wohnwagen als Dauercamper auf einem Campingplatz nahe bei den Freunden, die wir im Laufe der langen Zeit dort kennen lernen konnten.

Im Umfeld der vielen Freunde und Bekannten wuchsen dort auch meine beiden Söhne in den Ferien auf, bis wir nach unzähligen Jahren, als die Söhne größer wurden und sich abnabelten, den Wohnwagen aufgaben und verkauften und unsere Ferien an anderen und neuen Orten verbrachten.

Es nagte in mir.

Die Gedanken ließen mich nicht mehr los. Erneut wurden die Videos von den damaligen Bootsfahrten angesehen und auch im Internet nach Filmen gesucht.

Immer und immer wieder wurde das Prospektschreiben herausgekramt und studiert. Es ging am Anfang weniger um den Besitz eines Bootes als vielmehr um den Gedanken, wieder dort etwas Dauerhaftes zu haben und wieder nach Frankreich zu kommen.

Nach dem damaligen Verkauf unseres Wohnwagens hatten wir noch zwei oder drei Mal eine Ferienwoche dort im Süden verbracht, die Freunde besucht, aber wie es immer so ist im Alltag, die Kontakte wurden weniger und weniger, schliefen ein und brachen dann irgendwann ganz ab.

Gut, wir würden die alten Bekanntschaften nicht wiederaufleben lassen können, zumal uns ein Boot in eine andere Region führen würde, aber man könnte neue Leute kennen lernen und wer weis, wen man einmal treffen würde.

Bei einem Treffen mit meinen beiden Söhnen kam schließlich das Thema auch bei einem belanglosen Gespräch über den nächsten Urlaub auf. Ich berichtete von der gebuchten Urlaubswoche und der geplanten Tour mit dem Mietboot und unserer voraussichtlichen Reisestrecke und erwähnte auch beiläufig das erhaltene Kaufangebot für ein gebrauchtes Mietboot.

Das Interesse war groß und ich musste das nun ausführlicher berichten. Sofort wurde in Erinnerungen über unsere Bootsfahrten geschwelgt und über die schönen Zeiten in Frankreich geschwärmt. Wir hatten in den vielen Jahren einiges erleben können, wobei meine beiden Jungs oft genug auch der Grund für die eine oder andere Anekdote waren. „Lass uns doch einfach mal so ein Boot ansehen fahren", war das Fazit unseres Treffens. Also kramte ich in der folgenden Woche den Flyer aus der Schublade und suchte mir die Kontaktadresse heraus. Aus der Liste der angebotenen Boote im Internet wählte ich mir das für meine Zwecke am besten geeignete Angebot aus und stellte eine Anfrage für eine Besichtigung an den Bootsmakler von LeBoat.

Der Vertrieb meldete sich bereits einen Tag darauf bei mir zurück und gab mir einen Terminvorschlag für das ausgewählte Boot, den ich bestätigen konnte.

Keine zwei Wochen später befand ich mich bereits mit meinen beiden Söhnen an einem Samstag im Auto und war auf dem Weg nach Gray ins Burgund, um ein erstes Mal ein ausgewähltes Boot zu besichtigen.

Die Anreise führte uns durch die Eifel nach Trier und über Luxemburg und Nancy ging unsere Tour weiter in Richtung Dijon. Auf unserer Strecke in Richtung Süden passierten wir Orte mit uns vertrauten Namen, an denen wir früher auf den Fahrten nach Südfrankreich oft vorbeigekommen waren. Das Wetter spielte mit, es war sonnig und warm und nur wenige Wolken waren am Himmel zu sehen.

Unsere Fahrt war geprägt von der Euphorie, dieses Abenteuer zu starten und wir waren gespannt, was uns dort und in Zukunft erwarten würde.

Ein Boot wird gekauft, das stand da aber bereits schon fest.

In Gray führte uns die Hauptstraße herunter an eine Brücke über die Saône und vom Auto aus konnten wir die Hafenanlage von LeBoat auf unserer linken Seite ausmachen. Auf Grund der guten Beschilderung fanden wir sehr schnell die Basis der Mietstation von LeBoat und fragten dort nach dem Basisleiter Mr. Turpin. Wir waren dort angekündigt und wurden bereits von ihm erwartet und freundlich begrüßt. Dann ging es mit ihm hinaus in Richtung der Boote, die unterhalb der Basis am Schwimmponton im Wasser lagen und strahlend weiß im Sonnenlicht leuchteten. Der Basisleiter nahm sich sehr viel Zeit für uns und zeigte uns das von mir ausgewählte Boot in aller Gründlichkeit und mit allen Details.

Sicher, das Boot war nicht neu und man sah ihm seine Vergangenheit als Mietboot auch an, aber im Innenraum war alles sehr sauber und gepflegt und recht gut erhalten.
Der Bootstyp beziehungsweise die Bauform gefiel mir ganz gut. Das Boot war zu den Zeiten unserer ersten Bootsanmietung vor einigen Jahren eines der Topmodelle und vom Mietpreis damals kaum zu bezahlen. Es war in einem guten Zustand erhalten und im Vergleich zu anderen Booten, die wir von früheren Reisen her kannten, war es im Salon sehr geräumig.

Im Motorraum sah es nicht ganz so Klasse aus, hier sah man sehr deutlich den einen oder anderen Makel. Am Kühler waren leicht poröse, aber noch dichte Schläuche zu sehen. In der Motorbilge schwappte Wasser, das durch abgetropftes Altöl vom Motor schwarz und dunkel verfärbt war und in den Tiefen unter dem Motorraumdeckel dahintrieb.
Es fehlten nur noch die Ratten, die uns aus den Winkeln und Ecken der Bilge anschauten, bildlich gesprochen.

Hier schien man in der Zukunft mit dem einen oder anderen größeren oder kleineren Problem konfrontiert zu werden.

Das Boot verfügte über dem Salon über ein Schiebedach und uns wurde, da am heutigen Vormittag halbwegs Sonnenschein herrschte, dessen Funktion demonstriert. So saß man wie in einem Cabriolet im Boot und konnte beim Fahren die Umgebung aus dem Salon betrachten und genießen.
Anschließend wurde uns auch der Dieselmotor vorgeführt. Manuell wurde das Vorglühen eingeleitet, dann wurde der Anlasser betätigt. Das Aggregat sprang gutwillig an hörte sich einfach prima

an, ein schönes tiefes Grummeln ertönte hinten aus dem Motorraum, ein traumhaftes Geräusch.

Der Basisleiter wurde ins Büro ans Telefon gerufen und so hatten wir Gelegenheit uns kurz zu beraten und waren uns schnell einig.

„Im Guten und Ganzen hätte es uns zugesagt", sprach ich den Basisleiter an, " ich könne mir vorstellen das Boot zu nehmen, ab wann es denn verfügbar sei?"

Der einzige Wehrmutstropfen für uns folgte dann auf dem Fuß: das ausgewählte Boot hatte bereits einen Interessenten mit Vorkaufsrecht und es sei in der Zwischenzeit vermutlich bereits verkauft worden, näheres könnte ich nur von dem Bootsmakler im Süden in Castelnaudary erfahren.

Lange Gesichter bei uns. Schade, doch kein Boot.

So war dann die heutige Besichtigung beendet und wir bummelten noch etwas in Gedanken versunken in der Stadt umher. In der Nähe der Schleuse von Gray war direkt oberhalb am Staudamm ein kleines Restaurant mit einer schönen Außenterrasse, die im Schatten von großen alten Bäumen einfach einladend aussah.

Es war Mittagszeit, man konnte etwas zu Essen vertragen und das angebotene Tagesgericht, viel Auswahl war nicht auf der Karte vorhanden, sprach uns auch an.

Es gab als Vorspeise eine bunte Salatplatte mit etwas geräuchertem Schinken, gefolgt von einer Scheibe Schweinebraten, als Beilage gab es Pommes sautet. Wir verbrachten hier eine geraume Zeit, bevor es dann schließlich auf den Rückweg zurück nach Düsseldorf ging.

Auf der Rückfahrt hatten wir natürlich viel Gesprächsstoff. Schade und bedauerlich, wenn ich das Boot doch nicht bekommen könnte, da uns im Wesentlichen alles gut gefallen hatte. Im Geiste wurden bereits diverse Möglichkeiten von Änderungen am Boot durchgespielt, viele dieser Vorhaben endeten aber im phantasievollem Desaster und es kam das Abschiedsspiel der Band vom Oberdeck der Titanic zum Einsatz,

Nearer My God to Thee

Gluck   Gluck   Gluck

Ein Weinkeller sollte besser nicht nachträglich im Boot eingebaut werden, so unser Résumé.

Zumindest hatten wir auf der Rückfahrt so unseren Spaß mit unseren Blödeleien.

In der folgenden Woche nach unserer Rückkehr nahm ich mit der Verkaufsabteilung von LeBoat in Castelnaudary Kontakt auf und hatte dort meine Eindrücke und Vorstellungen geschildert. Das besichtigte Boot war in der Tat so gut wie verkauft und stand mir somit nicht zur Disposition.
Mir wurde aber ein zweites Exemplar vom gleichen Bootstypen angeboten und vorzugsweise für mich reserviert, das ich dann in Migennes, am anderen Ende vom Canal de Bourgogne, in Augenschein nehmen konnte. Damit war ich einverstanden und bestätigte meine Besuchsabsicht. Von der dortigen Basis bekam ich später eine Information, wann das Boot dort im Hafen zur Besichtigung anzutreffen sei und es wurde mit der Basis ein Termin vereinbart.
Wir mussten auf diesen Termin nur etwas warten, da das Boot in diesem Frühjahr gut vermietet war.

Nun hatte ich also fest vor ein Boot zu kaufen und es kamen immer wieder so viele Fragen auf. Zuerst natürlich, wohin damit. Wo und wie komme ich an einen geeigneten Liegeplatz für mein Schiff? Was muss da zusätzlich beachtet werden?

In welcher Region wollen wir das Boot lassen? Nach Deutschland holen, das war uns klar, das war kein Thema, wir wollten mit dem Boot in Frankreich bleiben.

Zum Glück waren diese Fragen in Zeiten von Internet und Co. nicht mehr ein ganz so großes Problem.

Die Suchmaschine wurde geölt und gestartet und kurz darauf hielt ich eine zweiseitige Liste mit Haltepunkten und Häfen aus dem Burgund in der Hand.

Dann kam der dicke Rotstift auf der Liste zum Einsatz.

zu teuer,
zu teuer,
Nebenkosten, soviel, spinnen die denn?
zu weit weg

Die Liste schrumpfte zusammen wie Butter in der Sonne und der Weinpegel in meinem Glas. Wir hatten noch etwa fünfzehn Adressen auf der Liste, davon vielen wieder zwei weg, da dort keine Dauerplätze vorhanden oder buchbar waren.

Wie war das mit den zehn kleine Neg………. aus dem bekannten Kinderlied?

Es kristallisierte sich ein Kandidat heraus, der uns in einigen Punkten unserer Kriterien ansprach, der Port du Pharle bei Montereau-faut-Yonne, eine kleine Hafenanlage in einem alten Kiesbaggersee an der Yonne. Der Preis war ansprechend und von der Lage her nicht zu weit weg von Migennes und damit war für uns auch die Anreise aus Deutschland gerade noch vertretbar.

Zu diesem Zeitpunkt waren wir aber in einigen Dingen noch etwas gutgläubig. Das wird schon alles klappen, sodass wir uns den Hafen nicht auch im Vorfeld ansehen wollten. Auf der Internetseite des Betreibers hatten wir uns umgesehen und waren der Meinung, dass wenn wir mit dem Boot dort ankommen würden hätte er etwas frei für uns. Das wäre ausreichend, da er auf der Internetseite noch freie Plätze anbot. Auf die Idee dort anzufragen oder gar mit dem Hafenbetreiber Kontakt aufzunehmen kamen wir vorerst nicht.

Umso überraschter und erschreckter war ich einige Tage später, als die Internetseite nicht mehr aufrufbar war, ein Systemfehler wurde mir angezeigt, die eingegebene Url sei falsch.

Das kann ja eigentlich nicht sein, der Link war ja abgespeichert worden und die Seite war von mir bereits mehrfach aufgerufen worden.

Kein Problem, ich hatte mir bei der Suche ja eine Liste als PDF ausgedruckt, die ich auf der Webseite von Bruno Chanal gefunden hatte, der auf seiner Seite umfangreiche Informationen für die Freizeitkapitäne bereitstellt.

L'YONNE: PORTS & ESCALES

Also rein ins Netz, bin drin, google, google, schwuppdiwupp, Seite von Bruno aufgerufen, Liste gesucht und geöffnet und da stand es schwarz auf weiß

Le port du Pharle n'existe plus - The port of Pharle does not exist anymore

Und nun ????

Betretendes Schweigen erfüllte den Raum. Das stimmt nicht ganz, denn es war Sonntag und wir saßen zu diesem Zeitpunkt auf dem Balkon.

Also erfolgte eine erneute Auswahl. Die anderen Häfen auf unserer Liste waren uns zu dicht an Paris gelegen oder befanden sich unterhalb der Yonne an den Kanälen von Nivernais oder Briarre, zu weit weg von Deutschland für einen kurzen Wochenendbesuch, wie wir es für die Zukunft geplant hatten.

Jetzt war guter Rat teuer.

In Migennes oder in Saint Florentin an den Basen von Rive de France und von LeBoat gab es keine Liegeplätze für Dauerlieger und weiter hatten wir uns dort auch noch nicht umgesehen.

Bei weiteren Recherchen stieß ich im Internet auch auf Bilder der Region, die mich brutal mit einem weiteren Thema konfrontierten, mit dem ich mich bisher überhaupt nicht befasst hatte

Hochwasser

Klar, bei uns in Düsseldorf am Rhein kennt man das Thema Hochwasser nur allzu gut. Da ist entweder Dauerregen in Süddeutschland oder Schneeschmelze im Hunsrück und schon spülen uns Mosel, Main und die anderen Nebenflüsse das nasse Element vor die Haustüre. Besonders betroffen sind bei uns die vielen Altstädte entlang des Rheines wie zum Beispiel Köln und Düsseldorf aber auch die alten Anliegerortsteile direkt am Fluss, wo später oftmals die alten Flutwiesen und Auen zugebaut wurden. Landunter ist dann bei den Neureichen in ihren erstklassigen Wohnanlagen, wenn in den preisgekrönten Schickimickibuden Strom und Pumpen ausfallen.

In Köln gibt es zum Beispiel eine komplette Wohnanlage in Toplage, wie man heutzutage dazu sagt, eine ehemalige Hafenanlage. Ein unterirdisches Parkhaus über mehrere hundert Metern Länge ist dort unter die ganze Luxusanlage gebaut worden und bei Hochwasser wird das gesamte Parkhaus geflutet, damit es dem Wasserdruck standhält.

Ja, ein Boot kann man nicht so einfach am Ufer festmachen und es dann dort für ein paar Wochen zurücklassen. Das ist ein ernstzunehmendes Problem, das wir in allen unseren bisherigen Betrachtungen außer Acht gelassen hatten. Wir sind ja auch bisher im Sommer auf dem Wasser unterwegs gewesen, aber was ist zur berühmten grauen Jahreszeit dort los?

Dem Thema wurde absolute Priorität zugewiesen und ein sicherer Abstellort musste für unser Boot gefunden werden.

Ich hatte mir dann die Region um Gray an der Saône angesehen, LeBoat hat seine Boote schließlich auch dort das ganze Jahr über im Wasser liegen.

Das stimmt schon, aber die von LeBoat haben dort einen Schwimmsteg, der bei steigenden oder sinkenden Wasserstand mitgeht!

Es half also alles nichts, es kann nur einen richtigen Hafenplatz für unser Boot geben, der auch sicher genug bei Hochwasser ist, ein einfacher Halteplatz mit Anleger ist da total ungeeignet. Erneut ging es auf die Suche ins Internet. Aus irgendeinem Grund verlief diese Suche nun aber an der Saône entlang, wobei mein Augenmerk auf die Region oberhalb von Gray fiel.

Dort gab es einige Orte, die für uns in Frage kamen. Ganz oben in Corre war ein kleiner Hafen gerade ausgebaut worden, dort waren massenhaft Plätze frei und wurden auch im Internet angeboten, zum Kauf aber auch zur normalen Miete.

Weiter unterhalb folgten die Orte Port sur Saône und Scey sur Saône mit zwei Hafenanlagen, gefolgt von Savoyeux, nicht weit von Gray entfernt.

Unsere Wahl fiel zunächst auf den Liegeplatz am oberen Ende der Saône in Corre mit dem kleinen Hafen am Ende der schiffbaren Saône und dem Übergang zum Canal de Vosges, dem Vogesenkanal, wie er in Deutsch heißt.
Die nähere Entfernung nach Deutschland sollte es uns zudem leichter ermöglichen, später auch einen Besuch am Wochenende auf dem Boot zu verbringen, also erschien uns das eine ganz gute Wahl.

Nur lag zwischen der Saône und dem derzeitigen Liegeplatz in Migennes ein Stück Kanal, den es vorher zu durchfahren galt.

Aber jetzt wollten wir erst einmal das zweite uns angebotene Boot besichtigen und alles Weitere werden wir danach sehen und klären.

Fast einen Monat nach dem ersten Besuch in Gray war es dann endlich soweit, wir bekamen eine Mail mit einem Terminvorschlag für einen Samstag, was uns ganz gut entgegenkam.

Also wurde eine zweite Besichtigungstour nach Migennes organisiert, diesmal aus zeitlichen Gründen nicht mit den Söhnen, sondern mit meiner besseren Hälfte, die diesmal mit nach Frankreich kommen konnte, da sie an dem Tag frei hatte.

Für Helga war es generell das erste Mal, an dem Sie mit einem Mietboot Kontakt hatte, so ein Boot kannte Sie gar nicht und war mächtig gespannt darauf.

Die Anreise über Luxemburg und Nancy war dieselbe Strecke wie bei der ersten Besichtigungsfahrt mit meinen beiden Söhnen.

Auf Höhe von Langres bogen wir dann aber rechts ab Richtung Paris, während es beim letzten Mal geradeaus Richtung Dijon weitergegangen war. Die Autobahn führte uns vorbei am Ehrenmal von Charles de Gaulle, der in dieser Region beheimatet war, bis nach Troyes, dort verließen wir die Autobahn und fuhren über die RN 77 südwärts nach Saint Florentin und von dort weiter nach Migennes.

In Migennes war ich am Samstagvormittag an der Basis von LeBoat angemeldet und wir bekamen das Boot trotz des Wechseltages am Wochenende und den damit verbundenen zusätzlichen Arbeiten für die Basismitarbeiter ausführlich von Olivier, einem Mitarbeiter der auch etwas Deutsch sprach, gezeigt.
Wir gingen mit Olivier aus dem Büro hinüber zu den Liegeplätzen für die Boote, die dort wie auch vor ein paar Wochen in Gray strahlend weiß in der Sonne leuchtend am Ufer vertäut dalagen, aber ich konnte das ausgesuchte Boot dort nicht erkennen. Stattdessen hielten wir vor einem Etwas, das sich erst auf dem zweiten Blick als das Bootsmodell darstellte, das in unsere engere Auswahl gekommen war.

Der äußere Eindruck zog mich erst einmal etwas herunter, kein schönes glänzendes weißes Boot wie in Gray, sondern ein braunes Etwas lag da vor uns am Quai.

Ein braunes Dach!

Wer hatte sich denn so etwas ausgedacht?

Das braune Dach war durch das Alter und die Sonne stumpf und matt und das Boot sah damit so richtig schäbig aus. Die Lauffläche auf dem Deck war vor langer Zeit einmal mit grauer Farbe gepinselt worden, die aber an vielen Stellen abblätterte, der eigentliche Schiffsrumpf hingegen war weiß, so wie es sich gehört.
Fast wollte ich schon im Vorfeld auf den Rest der Besichtigung verzichten, so gefiel mir das Boot par tout nicht, aber das konnte ich Helga nicht antun, sie war ja immerhin extra die weite Fahrt mitgekommen und wollte das Boot auf jeden Fall von innen sehen.

Mit leichter Enttäuschung ging es in das Boot hinein und an die Besichtigung. Die Aufteilung in diesem Boot war ähnlich gestaltet wie bei dem Boot in Gray, allerdings war im Salon an der Abtrennung zum Küchenraum ein Schrank etwas anders platziert, dadurch hatte die Sitzgruppe einen Platz mehr und sah damit größer aus. Der Innenraum wirkte wesentlich geräumiger und durch die zwei Rundecken, über die die Sitzgruppe verfügte, war es so auch viel gemütlicher.

Die Spüle in der Pantry war um 90° gedreht und damit etwas anders angeordnet als bei dem Boot in Gray, ebenfalls zum Vorteil des Platzes, aber auch für die Optik, alles sah hier viel geräumiger aus.

Die vordere Kabine war identisch mit dem Boot in Gray, in dem Raum und in der danebenliegenden Dusche und Toilette war kein Unterschied festzustellen. Achtern war das Bett derzeit zum Doppelbett hergerichtet und eine Schiebetür als Kabinentür schloss den gesamten hinteren Bereich ab, der Zugang zum Waschraum und der Toilette war so nur von innerhalb der Kabine zugänglich, auch nicht schlechtgemacht.

In der Achterkabine war der Bodenbelag leicht beschädigt, man hatte aber bereits angefangen, einen Teil von dem Belag zu entfernen, um dort den Teppich zu erneuern. Zumindest machten die

Kabinen und der Salon insgesamt einen besseren Eindruck als bei dem Vergleichsboot in Gray, wenn uns auch die äußere Erscheinung des Bootes zu allererst abgeschreckt hatte.

Also setzten wir die Besichtigung fort, die sich nun aber langsam in eine Inspektion wandelte.

Die Schränke und die Staufächer waren alle in Ordnung, der Kühlschrank war wiederum nicht berauschend. Unten waren Risse und Sprünge am Boden und an der Isolierung von dem Gerät und am Gefrierfachverdampfer zeigten tiefe Kerben und Kratzer die Spuren zahlreicher unfachlicher Abtauvorgänge. An einer Stelle war eine sehr tiefe Beschädigung an der Kälteleitung zu sehen, das sah nicht gut aus und aus Erfahrung, ich arbeite in der Hausgerätetechnik, konnte man hier mit einem bald auftretenden Defekt rechnen, dann wäre der Kühlschrank ein Fall für den Entsorger.

Nach dem Wohnbereich ging es nun an die Technik des Bootes. Olivier schob den Teppich im Salon zurück und legte mit ein zwei Handgriffen den Zugang zur Bilge, dem Kellerraum eines Bootes, frei. Dort unten waren die beiden Akkus für den Verbrauchsstrom in einem speziellen Gehäuse untergebracht, ebenso die Druckwasseranlage und der Warmwasserboiler. Zusätzlich gab es hier jede Menge Stauraum für alle möglichen Sachen, die man vielleicht nicht immer zur Hand haben muss. Der gesamte Salon war so unterkellert, die vordere Hälfte nahm der Wassertank ein. Diesen Stauraum bekamen wir bei der ersten Besichtigung in Gray nicht zu sehen, gab uns aber einen Einblick hinter die Kulissen des Bootes, den ich selber so auch nicht kannte. Er empfahl uns auch noch, den Warmwasserboiler, der derzeit nur vom Motor versorgt wird, später gegen einen neueren Typen auszuwechseln, der auch über eine Beheizung durch Strom verfügen würde, somit wäre man da viel flexibler bei der Warmwasserversorgung und brauche nicht immer den Motor zu starten, um warmes Wasser zu erhalten.

Den Vorschlag nahm ich gerne zur Kenntnis und Olivier deckte den Bilgenraum wieder mit der Luke ab und legte danach den aufgerollten Teppichboden wieder ordentlich darüber aus. Nun schlug er uns vor, den Motorraum zu inspizieren und wir machten uns, ihm folgend, auf dem Weg nach draußen und nach hinten zum Motorraum. Da wir gerade daran vorbeikamen zeigte er uns gleich noch eben schnell den Stauraum für die Gasflaschen, in der sich auch der Wasserschlauch und die Erdnägel zum Anlegen auf freier Strecke befanden. Der Gaskasten wurde wieder verschlossen und dann öffnete Olivier die beiden Deckel vom Motorraum.

Der Motorraum sah deutlich besser aus als bei dem anderen Boot in Gray, es waren keine verbrauchten Schläuche zu sehen, die Bilge unter dem Motorblock war hier fast trocken. Die Dieselheizung in der Ecke unten rechts war erst vor zwei Jahren erneuert worden, so die Aufschrift, und der Diesel- und der Hydraulikfilter war neueren Datums, der Optik nach wurden sie erst vor kurzem erneuert.

Die Technik in diesem Boot war definitiv in einem besseren Zustand und die gesamte Einrichtung und Aufteilung gefiel mir eigentlich besser als bei dem ersten Boot in Gray.

Übrigens, hatte ich schon erwähnt?

Das schäbige braune Dach sah bei Sonnenschein gar nicht mehr so schäbig aus. Und außerdem und wofür gibt es eigentlich weiße Farbe?

Hin und her gerissen kamen wir ins Grübeln.

Dann kam auch noch die Frage und das Angebot von Olivier, ob wir eine kleine Ausfahrt mit dem Boot im Hafenbecken machen wollten, um alles zu Testen.

Dieses Angebot ließen wir uns nicht ein zweites Mal machen und Helga war ganz angetan von der spontanen Bereitschaft, eine kleine Ausfahrt mit uns zu unternehmen.

Wir begaben uns wieder ins Boot zurück und Olivier schaltete mit dem Zündschlüssel die Elektrik frei. Der Vorglühknopf wurde betätigt und nach gut zwanzig Sekunden startete Olivier den Anlasser. Der Motor sprang sofort an und verbreitete das gleiche angenehm anzuhörende Dieselgrummeln wie bei dem anderen Motor, den wir in Gray hören konnten.

Ruckzuck hatte Oliver das Kabinendach zurück gekurbelt um uns auch diese Handgriffe zu zeigen und verabschiedete sich kurz, er holte sich wegen der stärker werdenden Sonne anschließend seinen Strohhut aus dem Büro. Dann wurden die Leinen gelöst und für eine kleine Tour abgelegt.

Und damit war es dann endgültig um uns geschehen.

Es war mit Sicherheit keine Liebe auf dem ersten Blick, aber die inneren Werte, in diesem Fall der technische Zustand als Kontrast zum ersten optischen Eindruck des Bootes bei unserer Ankunft hier in Migennes, hatten uns in ihren Bann gezogen.

Nach dem Ablegen folgte eine kleine Hafenrundfahrt im Becken von Migennes. Olivier steuerte das Boot mittig in das Fahrwasser und räumte dann den Platz am Steuerstand, damit ich selber das Steuer, nein ich meine natürlich das Ruder, übernehmen konnte. Das Boot fühlte sich gut an und gehorchte jeder Lenkbewegung sofort. Beim Lastwechsel zwischen Vorwärts- und Rückwärtsfahrt gab es auch keine schlagenden oder klopfenden Geräusche, auch hier erschien mir alles in Ordnung zu sein. Kurzum, ich konnte nicht viele Punkte finden, die gegen den Ankauf des Bootes sprachen.

Ich wendete das Boot und steuerte wieder zurück zum Anleger, übergab aber vor dem rückwärtigen Anlegen zwischen zwei anderen Booten das Ruder an Olivier zurück. Helga und ich übernahmen die Festmacher und belegten sie an den Stahlringen, die an der Ufermauer einbetoniert waren. Der Motor wurde abgestellt und dieser Moment war somit zu Ende.

Anschließend ließ uns Olivier eine ganze Weile Zeit zum Bedenken und alleine im Boot zurück, wir könnten uns alles noch einmal genau ansehen und falls Fragen auftraten, er sei vorne im Büro. Dieses Angebot nahmen wir ebenfalls gerne an und legten los.

Jede Ecke und jedes Fach wurden von uns noch einmal genauestens inspiziert und alle kleineren Mängel wurden notiert und mit der Digitalkamera festgehalten. Alle möglichen Ecken und Winkel wurden ausgemessen und aufgezeichnet.

Die eine oder andere Macke wurde beratschlagt, das kann man ändern, das machen wir neu, das kann so bleiben, wir hatten angebissen.

„Und alles andere wird sich finden und dass mit der Farbe bekommen wir auch hin", war die Zusage von Helga.

Unser Entschluss stand fest: das wird unser Boot.

Gefühlte zwei Stunden später packten wir unsere Utensilien zusammen und brachten den Schlüssel vom Boot ins Büro zurück. Wir bedankten uns noch einmal beim Mitarbeiter der Basis und informierten ihn, dass wir uns wohl zum Kauf entschlossen hätten. Darüber war er sehr erfreut und bat mich, mit dem Makler von LeBoat in Südfrankreich die weiteren Details abzuklären, dort könnten wir dann auch die Details zu dem Verkaufstermin erfragen. Wir warfen noch einen letzten Blick zurück auf das Boot und dann ging es für uns auf die Rückfahrt zurück nach Düsseldorf.
Wir hatten noch ausreichend Zeit für einen Abstecher und so fuhren wir von Migennes aus am Canal de Bourgogne entlang über Brienon-sur-Armancon Richtung Saint Florentin. Dort wurde ein erster Halt eingelegt und wir bummelten zum Kanal runter, um dort noch ein paar Eindrücke zu sammeln. Am Ufer gegenüber saßen ein paar Angler und gingen ihrem Hobby nach, auf unserer Seite badete ein etwa zwölf Jahre alter Junge seinen Wurm im Nass des Kanals.

Und wie es kommen musste, der kleine Mann hatte mehr Glück als die Herren auf der anderen Seite der Wasserstraße und er schrie plötzlich auf, als sich seine Angel gewaltig verbog. Der Junge hatte einiges an Mühe beim Einholen seiner Angelschnur, immer wieder setzte er nach, damit die Schnur nicht reißen würde. Nach einer geraumen Weile war es endlich soweit, er hatte den Fisch dicht unter der Wasseroberfläche und konnte einen Kescher unter dem Fisch platzieren, um das Herausholen zu erleichtern. Jetzt hatte er allerdings Mühe, den Kescher aus dem Wasser zu heben, er holte einen Mordskerl von Karpfen an Land. Er war so Stolz auf seinen Fang, dass er uns den Fisch präsentierte, bevor er den Karpfen von der Angelleine löste und mit ihm im Kescher über eine Brücke auf die andere Seite lief und den Anglern dort eine lange Nase machte. Es hatte richtig Spaß gemacht, dem kleinen stolzen Jungen dabei zuzusehen.

Wir stiegen wieder ins Auto und fuhren hoch zur Landstraße und über die RN 77 ging es zur Autobahn und zurück in Richtung Heimat.

Da wir noch gut in der Zeit lagen besprachen wir auf der Fahrt, noch einen Umweg über Corre zu machen, um dort den kleinen Hafen am oberen Ende der Saône zu besichtigen. Unsere Rückfahrt führte uns in einiger Entfernung an Corre vorbei und wir wollten irgendwie auch noch nicht zurück nach Hause. Der nächste Tag war ein Sonntag, also riskierten wir nichts, wenn es am Abend etwas später werden sollte.

Die Fahrt war landschaftlich schön, allerdings ging es hinter Gray die meiste Zeit über kleinere Strassen durch eine mehr und mehr ländlich geprägte Gegend weiter, bis wir dann endlich den Hafen von Corre erreichten. Wir bogen von der Landstraße rechts ab und folgten dem Hinweisschild zum Hafen, der nur ein paar hundert Meter weit weg von der Landstraße entfernt war.

Die ganze Anlage sah sehr gepflegt und neu aus, obwohl das vordere kleine Hafenbecken schon einige Jahre bestand. Wie bei vielen neu errichteten Bauprojekten sah alles noch etwas kahl aus, es fehlte noch an den Bepflanzungen im Umfeld, und es waren noch einige Baustellen oder besser gesagt Bauplätze für Wochenendhäuser zu sehen. Im Hintergrund des Hafens war ein hoher Pappelwald zu sehen, vorne auf der Ecke zwischen Vogesenkanal und der Saône war ein kleiner Campingplatz mit Standplätzen für Wohnmobile angelegt worden. Neben dem Zugang zum Campingplatz lag ein Haus mit einem kleinen Restaurant für die Camper und die Bootsfahrer.

Den Abschluss bildete ein neues leicht futuristisch aussehendes Hafengebäude, in dem sich neben dem Büro des Hafenmeisters auch Sanitärräume mit Duschen und Toiletten befanden sowie der Beschilderung nach ein Raum mit einem Trockner und einer Waschmaschine.

Alles machte einen sehr sauberen und guten Eindruck und es schien uns, dass wir hier gut aufgehoben wären.

Im neu angelegten Hafenbecken waren noch sehr viele Liegeplätze frei, oder besser gesagt nur wenige Plätze belegt. Das Hafenbecken war nicht durchgängig gerade, sondern machte im oberen Bereich einen leichten Knick nach links. Dadurch waren die Plätze an den Schwimmstegen und damit die Liegeplätze unterschiedlich lang für die unterschiedlichen Bootslängen der Schiffe.

Wir bummelten ein wenig über das Hafengelände und anschließend noch nach vorne zum Vogesenkanal hin, dem wir ein Stück hoch bis an den Ort in etwa vierhundert Metern Entfernung folgten. Dort gab es einen weiteren kleinen Hafen, mehr ein Halteplatz für eine handvoll Boote, der aber auch über eine Tanksäule direkt am Wasser verfügte.

Perfekt.

Von oberhalb kam zu diesem Zeitpunkt ein Mietboot den Kanal herabgefahren und steuerte auf die letzte Schleuse am Vogesenkanal zu, die sich auf der Höhe des Wohnmobilstandplatzes am Hafen befand. Wir mussten sowieso den Weg zurückgehen und auf diese Weise konnte sich Helga das erste Mal eine Schleusung ansehen. Das Boot fuhr durch das offene Schleusentor in die Schleusenkammer ein und die Crew belegte die Festmacher an den Pollern, kurz darauf schloss sich das Schleusentor.

Die Schleuse war mit einem Schleusenwärter besetzt, der das Boot registrierte und danach die Fernbedienung für die Schleusen auf dem Vogesenkanal in Empfang nahm, die weiter folgenden Schleusen auf der Saône wurden von den Bootsbesatzungen per Drehstangen ausgelöst, daher war die Fernbedienung nicht mehr erforderlich.

Der eigentliche Schleusenvorgang ging dann recht flott vorwärts, obwohl die Hubhöhe über zwei Meter betrug. Nachdem das Boot die Schleuse verlassen hatte machte der Schleusenwärter seine Bude zu, er hatte Feierabend und fuhr später mit seinem Auto davon. Wir schauten dem Mietboot noch eine Weile hinterher und machten uns dann auf dem Weg zurück zum Auto.

Es dämmerte langsam und am Hafenparkplatz war es in der Zwischenzeit deutlich lauter geworden. Hunderte von Krähen kreisten um die Wipfel der Pappeln und bezogen dort ihre Nachtplätze, stoben wieder auf, wenn es kracht mit dem Nachbarn gab, und suchten erneut einen Landeplatz, ein Kommen und Gehen der Vögel. Und immer wieder kamen neue Schwärme von Krähen aus allen möglichen Richtungen und wollten auch einen Platz in den oberen Etagen der Bäume ergattern.

Es erinnerte uns etwas an den Hitchcock-Klassiker „Die Vögel".

Zum Glück wurden wir aber nicht angegriffen.

Ein schöner langer Tag ging auf diese Weise zu Ende und wir machten uns auf die Rückfahrt zurück nach Deutschland auf, wo wir spät am Abend in Düsseldorf ankamen.

In der folgenden Woche ging es nun daran, alles Weitere klar zu machen, den Ankauf des Bootes anzustoßen. In den nächsten Tagen war ich damit beschäftigt, dem Bootsmakler von der Besichtigung in Migennes zu berichten und ihn über unsere Kaufentscheidung zu informieren.

Unter anderem wurde der Kühlschrank als defekt reklamiert, da ich befürchtete, dass er uns sehr schnell verlassen würde, die bei der Besichtigung angefertigten Fotos waren dabei eine große Hilfe. Völlig unproblematisch wurde ein Austausch gegen einen anderen zwar alten, aber besser erhaltenen Kühlschrank vereinbart.

Der beschädigte Bodenbelag in der hinteren Kabine wurde angesprochen, dieser sollte aber so oder so vorher noch im gesamten Boot komplett erneuert werden.

Man versprach uns dann noch eine Inspektion des Bootes vor der Übergabe an uns sowie auch einen kompletten neuen Antifouling-Anstrich des Unterwasserschiffes, auch um etwaige dort verborgene Schäden ausschließen zu können.

Das hörte sich alles sehr gut für uns an.

Nun ging es noch an das sensible Thema, einen für beide Seiten akzeptierbaren Termin zu finden. Das Boot sollte ursprünglich die ganze Saison noch vermietet werden, aber eine Übernahme kurz vor der beginnenden Herbst-Winterzeit kam für uns nicht in Betracht. Ich brachte daher unseren Urlaubstermin Ende August ins Rennen und dieser Termin fand auch die Zustimmung bei dem Bootsmakler, da für das dann nicht mehr zur Verfügung stehende Boot zum Saisonende Mietalternativen vorhanden seien.

Der nun einsetzende Papierkram mit dem Makler im Büro in Südfrankreich war unkompliziert und gestaltete sich erstaunlich einfach, und so wechselten in den folgenden Wochen einige Euros und auch ein Boot seinen Besitzer.

Gelobt sei IBAN.

Der Mietvertrag unserer ursprünglich geplanten Sommerreise in Südfrankreich wurde storniert, da wir unseren Urlaub dann natürlich lieber auf dem eigenen Boot als auf einem Mietboot verbringen wollten. Das Deutsche Büro von LeBoat wurde über den Grund informiert, konnte aber aus rechtlichen Gründen auf die Stornogebühr nicht verzichten. Die Stornomeldung wurde von LeBoat Deutschland an den Makler weitergeleitet, der dann aus Kulanz den Kaufpreis um diese Summe verringerte.

Schade nur um das schöne Reiseziel, die Camargue mit dem Boot zu erkunden hätte uns sicher gefallen, aber vielleicht machen wir das einmal mit unserem eigenen Boot zu einem späteren Zeitpunkt, wer kann das wissen?

Wer nun glaubt, wir konnten uns zurücklehnen und auf das Ende des Sommers warten, der hatte sich getäuscht. Für uns begann eine Phase der Planung und Arbeit, in den Wochen bis zur abgesprochenen Übernahme des Bootes wurden Listen erstellt und Anschaffungen getätigt, da wir vieles wie Geschirr und Bettwäsche und dergleichen nicht vom Mietboot übernehmen konnten aber auch nicht übernehmen wollten.

Für die Übernahme des Bootes war vertraglich der 30. August verabredet worden, ab Mitte September hatten wir zwei Wochen Urlaub, den wir ja eigentlich in der Camargue verbringen wollten, und den wir nun auf unserem Boot verbringen würden.

So blieben uns nach unserer Planung nach von Anfang September zwei Wochen Zeit für das Einräumen und Herrichten des Bootes mit unseren Sachen, zwei Wochenenden sollten dafür eigentlich reichen, so unsere vorsichtige Berechnung.

In unserem Urlaub ging es dann an den Transfer des Bootes von Migennes über den Canal de Bourgogne rüber zur Saône und dann den Fluss hoch zu einem noch nicht ganz klar ausgewählten Hafen dort an der Saône.

Zweihundertdreiundvierzig Kilometer und einhundertneunzig Schleusen trennten uns von dem Fluss auf der anderen Seite des Kanals.

Welche Zeit würden wir wohl für diese Strecke benötigen? War das in unseren zwei Wochen Urlaub überhaupt machbar, schließlich mussten wir das Boot vorher noch in Besitz nehmen, Einräumen, Aufräumen, Umräumen und wer weiß noch was alles auf uns zukommt.

Canal de Bourgogne.

Was für ein Abenteuer.

Im Internet hatte ich bisher einige informative Seiten aufspüren können, die auch teilweise untereinander verlinkt waren. Bei einigen der Betreiber stellte ich die höfliche Anfrage, mit wie vielen Tagen ich für eine komplette Passage von West nach Ost wohl zu rechnen hätte.
Die eintreffenden Antworten waren sehr nett und hilfreich und ich erhielt auch zahlreiche weitere zusätzliche Informationen über die Region und die Strecke. Die Anzahl der genannten Reisetage variierten etwas untereinander, aber im Kern wurde mir eine Reisezeit von acht Tagen genannt.

Ups.

Schnell einmal ausrechnen. Acht Tage für die Fahrt über den Canal de Bourgogne, dazu kommen vier Tage für die Strecke die Saône hoch nach Corre, rechnen wir noch zwei Tage für die Abwicklung in Migennes und als Sicherheit dazu dann macht das ratterdiratter vierzehn Tage, die wir wohl brauchen werden.

Und das bei vierzehn Tagen Urlaub, Schluck.

Und wie machen wir das mit dem Auto, das ja in Migennes zurückgelassen wird?

Doppelschluck.

Ein Problem auf unserer Liste wurde gelöst, schon tut sich ein neues auf!

Wer war bloß auf diese blöde Idee mit dem Boot gekommen?

Keiner meldete sich, typisch. Da müssen wir jetzt aber durch. Also, was gibt es für uns unterwegs noch an Möglichkeiten, die nähergelegen sind als der Hafen von Corre?

Wieder wurde die Glaskugel, ähem, www befragt und auf der Landkarte bei Google-Maps nachgesehen.
Scey sur Saône verkürzt die Reise nur um einen Tag, bringt also nicht so viel. Port sur Saône lag unterhalb an der Saône und bot sich an und wurde per Google-Earth abgecheckt.
 Nicht sehr groß, der Hafen, und wie sieht es mit freien Plätzen aus? Schwer zu sagen. Hey, da sind ja Bilder bei Google-Earth vom Hafen abgespeichert, die schauen wir uns jetzt einmal an. Das brachte uns auch keine weiteren Erkenntnisse dazu, zumal eines der Bilder uns Abschreckte: An einem Kübelanhänger hinter einem Traktor hing ein zweisprachiges Schild. Mit großen schwarzen Buchstaben stand dort die Verwendung aufgedruckt

        Pompe à Merde - Scheissepumpe

Der geringe Vorteil an Zeitgewinn bei der Tourenplanung bei Auswahl dieses Hafens in Verbindung mit dem dort möglicherweise zu erwartenden kulturellen Niveau im Hafen vor Ort ließ uns diesen Hafen auf Platz zwei in unserer Auswahlliste aufnehmen.

Zum Glück war da noch ein weiterer Kandidat auf unserer Liste für mögliche Liegeplätze vorhanden.

Daumen drückend wurde die Position von Google-Earth mit der Computermaus südlicher ausgerichtet und zielte bald auf den Hafen von Savoyeux in der Franche-Comte.
Der Hafen war größer als der Hafen von Port-sur-Saône und sah auch besser aus, allerdings lag er außerhalb einer Ortschaft und bis zur nächsten Einkaufsmöglichkeit war es ein gutes Stück weg, das war dann jeweils nur mit dem Auto zu machen.
Die Bilder, die wir im Internet finden konnten, sahen alle ansprechend aus und die bei den Bildern vermerkten Kommentare ließen uns Gutes erhoffen. Der Hafen war die Heimat einer kleinen privaten Mietbootbasis, die auch den Hafen verwaltete und besaß auch einen leicht auffindbaren eigenen Internetauftritt.
Dort ging es mit unserer Recherche weiter. Die dort angegeben Liegeplatzgebühren waren moderat, die Nebenkosten akzeptabel und die Preise für die angebotenen Werftarbeiten gering im Vergleich zu anderen Anbietern, die wir bisher ermittelt hatten.

Leider konnten wir den Mitbewerber Port-sur-Saône fortan nicht weiter berücksichtigen.

Eine Anfrage zu einem freien Liegeplatz wurde per eMail verfasst und abgeschickt und am selben Nachmittag noch positiv beantwortet. Eine Reservierung für einen Liegeplatz wäre auch möglich, ich solle einfach nur den Namen unseres Bootes, die Abmessungen des Bootes und die verrausichtliche Ankunftszeit mitteilen, alles andere könne dann später vor Ort erfolgen.

Man wünschte uns bis dahin eine gute Zeit und erwartete eine kurze Rückmeldung und später dann unsere Ankunft in Savoyeux. Port-sur-Saône, du bist raus.

Aus C180 wird die Ingrine

In den nun kommenden Wochen vor dem großen Tag konnte ich einiges an Informationen für die geplante Tour durchs Burgund nach Savoyeux sammeln, dabei waren mir auch einige weitere nützliche Internetseiten aufgefallen, die ich mir als spätere Hilfen sofort abgespeichert hatte.
Es gab aber auch noch einige ungeklärte Fragen zu Registrierung und Versicherung des Bootes. Welche Vorschriften mussten da noch beachtet werden? Und welche weiteren bisher nicht beachteten Kosten kommen da noch auf mich zu?
Einige eMails später hatte ich dann ausreichend Tipps und weitere Informationen zusammengetragen, sodass ich mit diesem Teil des Papierkrams weitermachen konnte. Für die Registrierung musste ich entweder in Strassburg vorstellig werden oder ich meldete das Boot in Deutschland an, was wegen der sprachlichen Barrieren vermutlich wesentlich einfacher wäre, zumal es unter Umständen etwas schwierig werden könnte, ein in Frankreich gemeldetes Boot in Deutschland zu versichern.
Für die Anmeldung des Bootes gab es verschiedene Möglichkeiten, zum einen über die Wasser- und Schifffahrtsämter oder aber auch über den ADAC, der auch den Internationalen Bootsschein ausstellen und Kennzeichen vergeben durfte, was ich für mein Schiffchen benötigte.

Ich entschied mich für die letztere Version, da ich als ADAC-Mitglied auch bei verschiedenen Marinas Vorteile bei den Liegeplatzgebühren erhalten würde.
Einige der technischen Daten für die Anmeldung kannte ich bereits, dazu gehörten banale Dinge wie Länge, Breite, Höhe und Baujahr, andere spezifische Daten waren mir unklar und mussten nun besorgt werden, dazu gehörte zum Beispiel der Hersteller des Motors und die Seriennummer dazu. Der Makler wurde kontaktiert und um diese Daten gebeten, er konnte sie aber nicht benennen und leitete die Anfrage an die Basis in Migennes weiter. Von dort erhielt ich wenige Tage darauf die angefragten Daten und konnte nun den Antrag für den Bootsschein stellen. Selbstverständlich wurde für die Registrierung nun auch ein Name für das Boot benötigt, und das Grübeln ging von vorne los.
Für solche kniffeligen Fragen hatte sich bei mir das so genannte Ausschlussverfahren bewährt: Über mehrere Tagen wurden auf einem Zettel alle Möglichkeiten notiert und entweder sofort oder dann im Moment der Entscheidungsfindung gestrichen, über blieb dann entweder ein brauchbares Ergebnis oder das Ganze wurde von vorne gestartet.
Aber diesmal blieb der Zettel ziemlich leer, die Ideen klemmten und wollten nicht so Recht zum Vorschein kommen.
Ablenkung tut gut und so wurde sich mit etwas Anderem Beschäftigt, manchmal kommen einem die Eingebungen dann von alleine. Und so war es auch diesmal. Bei einem täglichen Besuch auf dem Friedhof am Grabe meiner Frau machte es dann endlich Klick. Viele Boote fahren mit weiblichen Vornamen, der in meinem Fall sicherlich in Frage gekommen wäre. Aber es gab noch eine kleine Abhandlung davon, und so entschieden wir uns nach kurzer Absprache auf den Namen *Ingrine* für das Boot.
Jetzt konnte die Beantragung des Bootsscheines erfolgen und das entsprechende Formular wurde auch sofort von mir ausgefüllt. Eine Kopie des Kaufvertrages als Eigentumsnachweis wurde angefügt und die Papiere dann nach München eingeschickt.

Zwei oder drei Wochen später bekam ich den Papierkram samt Rechnung über 20 € zurück und hielt den Internationalen Bootsschein für das Kennzeichen *45075-A* in den Händen.

Im Internet wurde dann Aufkleber für das Kennzeichen und Namensschilder mit dem Schriftzug *Ingrine* für das Boot bestellt, damit sie bei der Übernahme angebracht werden konnte.

Mit dem nun erhaltenen Kennzeichen in den Händen konnte auch der zweite Teil des Papierkrams erfolgen, die Versicherung des Bootes konnte jetzt auch abgeschlossen werden.

Hier erhielt ich die Information, dass eine Versicherung für ein Boot entgegen den Vorschriften für ein Kraftfahrzeug nicht zwingend erforderlich sei, sondern als freiwillige Möglichkeit angeboten wurde. Allerdings würden einige Hafenbetreiber nach einer Versicherung fragen, daher sei es auf jeden Fall besser, eine Versicherung abzuschließen. Die Jahresgebühren für eine entsprechende Absicherung waren nicht vergleichbar mit den Versicherungsprämien, die einem für ein Auto zwangsweise abgenommen wurden, also viel zumindest diese Entscheidung auch nicht so schwer. Mit den Daten aus dem Internationaler Bootsschein war der Abschluss der Versicherung oder besser gesagt zuerst einmal der Antrag nicht so ein Problem. Auch diese Hürde war innerhalb kurzer Zeit überwunden und somit hatte das Boot einen Namen, ein Kennzeichen und eine Versicherung.

Auf geht es mit dem nächsten Teil des Projektes, der Etappenplanung, die nun beginnen konnte, die aber auch mehrere Varianten erhielt, nichts sollte und durfte dem Zufall überlassen werden, wir wollten schließlich nicht aus zeitlichen Gründen auf halber Strecke irgendwo hängen bleiben.

Zu Hause hatte ich die für das Boot benötigten und gekauften Ausrüstungsgegenstände langsam beisammen, das Abenteuer konnte eigentlich beginnen.

Es fehlte nur noch eine wichtige Kleinigkeit, der Bootsführerschein, den man als Privatfahrer auf Flüssen und Kanälen braucht. Damit kann man dann allerdings auch diejenigen Reviere befahren, die von der führerscheinfreien Mietbootsregelung nicht abgedeckt waren.

Gut das es heutzutage die Flatrate für die Internetnutzung gibt. Die Suchmaschine wurde erneut gestartet und mit den Suchwörtern Bootsführerschein und Düsseldorf gefüttert und heraus kam eine lange Liste, deren Treffer mir mitunter keinen Zusammenhang zwischen Düsseldorf und dem Veranstaltungsort der Schulung erkennen ließ.

Da ich zeitlich eingebunden war entschied ich mich für eine kleinere Schule in Düsseldorf, die einen Wochenendlehrgang anbot und zugleich nicht weit entfernt war. Der Lehrgang wurde gebucht und die erforderlichen Unterlagen zusammengetragen. Im Buchhandel wurde ein Praxisbuch gekauft, um das benötigte Wissen für die Theorie im Vorfeld zu erwerben und zu festigen.

Am ersten Schulungstag am Samstag gab es dann zwei Überraschungen für mich. Die eine war ich war der einzige zu diesem Termin angemeldete Kursteilnehmer für den Kurs und der Dozent war ein ehemaliger Berufskollege von mir.

So erhielt ich einen kompakten Intensivkurs an dem Wochenende, der durch praktische Fahrstunden im Düsseldorfer Hafen am nächsten Wochenende seinen Abschluss fand. Wenig später erhielt ich den Termin für die Prüfung für den Sportbootführerschein Binnen, so die amtliche Bezeichnung für den Führerschein, der Führerschein wurde mir dann einige Tage nach der erfolgreichen Prüfung mit der Post zugeschickt.

Somit war auch diese Hürde genommen, wir näherten uns der Zielgeraden.

In meinem Schreibzimmer sah es aus wie in einem schlecht sortierten Kellerraum, überall stapelten sich immer mehr Ausrüstungsgegenstände, die auf den großen Tag der Bootsübernahme warteten.

Alles war bereit und wir auch. Wir fieberten dem großen Tag entgegen und konnten es einfach nicht mehr aushalten.

In der Woche vor unserem Übernahmetermin bekam ich eine Anfrage aus Migennes, ob wir das Boot auch in Châtel Censior am Canal du Nivernais übernehmen könnten.
Das lag unglücklicherweise noch weiter in der Gegenrichtung von unserem Fahrziel, sodass wir das ablehnen mussten. Kein Problem, kam die Antwort aus Frankreich zurück, das Boot liegt zum vereinbarten Datum in Migennes wie abgesprochen, dass wurde uns garantiert.

Hey, was sollte denn diese Anfrage jetzt bedeuten?

Keine Ahnung, das würde ich gerne wissen.

Ende August war es dann endlich soweit, der große Tag war nähergekommen und das Auto wurde gepackt. Endlich ging es nach Frankreich ins Burgund und nach Migennes, um dort das Boot in Empfang zu nehmen.
Damit wir am Montagmorgen auch pünktlich um 10^{00} vor Ort waren hatte ich für den Sonntag zuvor in Auxerre ein Hotelzimmer gebucht, auch für den Fall, falls das Boot doch nicht vor Ort sein sollte und wir einen Schlafplatz brauchten.
Wir hatten den ganzen Sonntag Zeit für die Anreise, die wir auch voller Vorfreude ausnutzten. Die bekannte Strecke über Luxemburg Richtung Nancy war dieselbe wie zuvor, aber diesmal bogen wir bei Metz auf eine andere Autobahn ab, die uns nur in einen anderen Bogen nach Troyes führte, von dort ging es den Rest der Strecke über die Route National Richtung Auxerre zu unserem Hotel.
Auf der Anfahrt zum Hotel am Rande von Auxerre kamen wir in Migennes vorbei und wir konnten nicht widerstehen und hatten dann dort einen Halt am Hafen eingelegt.
Wir wollten nur mal kurz einen Blick auf das Boot werfen, wir konnten es nicht abwarten.
Das Auto wurde auf dem großen Parkplatz am Hafenbecken abgestellt und dann wurde dort entlang gebummelt, das Wetter war

prächtig und wir genossen es, nach der langen Autofahrt ein paar Schritte zu gehen. Am Hafenbecken lagen an der Mietbootbasis einige Boote vertäut, gut und gerne zehn oder zwölf Boote konnte man ausmachen. Es folgte ein forschender Blick nach links und nach rechts, aber wo war denn unser Boot??

Wir schritten am Kai die dort liegenden Mietboote ab, vielleicht hatten wir es nur übersehen, aber wir konnten unser Schiff dort auch nicht ausmachen.
Ein flaues Gefühl kam in der Magengegend auf, liegt das Boot doch bei einer anderen Basis im Nivernais?

Hatten wir uns mit dem Datum vertan? Die tollsten Gedanken kamen auf. Was machen wir nun?
„Lass uns erst einmal am Montag im Büro die Sache in Ruhe klären", versuchte ich uns zu beruhigen, war aber selber nicht so richtig davon überzeugt.

Leicht enttäuscht standen wir noch eine Weile dort am Kai herum, als kurz darauf hinter dem Gebäude der Mietbasis ein Traktor gestartet wurde, der wenig später unser Schiff aus der danebenliegenden Wartungshalle herauszog.
Vorsichtig wurde das Boot, das einen neuen dunkelblauen Unterwasseranstrich erhalten hatte, von dem Traktor Richtung Sliprampe gezogen.
Was war das für ein herrlicher Anblick, wir trauten unseren Augen kaum.
In diesem Moment sah das Schiff aus wie nagelneu, wie es dort auf dem Hänger liegend und vom Traktor gezogen sich langsam dem Wasser näherte. Wir waren zur Sliprampe gegangen um uns das Wassern nicht entgehen zu lassen. Riesig groß ragte das Boot über unsere Köpfe empor und glänzte im Licht der langsam sinkenden Sonne.

Ein traumhafter Anblick, den wir nicht so schnell vergessen werden sollten.

Wir wurden vom Traktorlenker begrüßt.
Der nette junge Mann, der uns im Frühjahr das Boot ausführlich gezeigt hatte, hatte uns erkannt und kam vom Traktor geklettert. Er erklärte uns die Arbeiten, die am Schiff vorgenommen worden waren und zeigte uns den neuen Anstrich aus der Nähe.
Dann setzte er sich wieder auf den Traktor und ließ behutsam das Boot in das Wasser des Hafenbeckens gleiten.

So erlebten wir an diesen späten Sonntagnachmittag unseren persönlichen Stapellauf unseres eigenen Bootes.
Es war ein unglaublich schönes Gefühl.

Das Boot wurde nun im Wasser liegend an einen Liegeplatz unmittelbar neben der Mole gezogen und dort vertäut. Wir verabredeten uns mit Olivier am nächsten Morgen nach zehn Uhr und fuhren spürbar erleichtert die letzten Kilometer weiter zum Hotel, in dem wir uns dann später im angrenzenden Restaurant ganz entspannt ein opulentes Abendessen gönnten.

Wir sind ja jetzt Eigner eines Schiffes.

Montagmorgen, ein herrlicher Morgen, unser erster Urlaubstag. Die Sonne schien, einige weiße Wolken waren am blauen Himmel zu sehen, all ich das Fenster öffnete.

Alles war gut.

Unten im Frühstücksraum gab es frische Croissants und einen guten Kaffee, perfekt um in diesen Tag mit einem ausführlichen Frühstück zu starten.

Das Zimmer und das Abendessen vom Vortag wurden nach dem Frühstück abgerechnet und bezahlt und danach das Handgepäck im Auto verstaut.
Wir verabschiedeten uns vom Hotelier und mit dem Auto ging es dann los.
Die kurze Strecke von Auxerre verlief fast wie im Fluge, wir waren viel zu früh unterwegs, konnten es aber nicht mehr im Hotel aushalten.
Eine kurze Planänderung führte unseren Weg zum Hafen von Migennes über einen kleinen Umweg nach Joigny, einer Nachbargemeinde von Migennes, direkt an der Yonne gelegen.
Dort schauten wir uns den Flusshafen und die Mietbootbasis von Locaboat an. Der Ort und die Lage am Fluss erinnerten uns an die kleinen Ortschaften, die wir von der Mosel her kannten, es hatte sehr viele Ähnlichkeit damit.
Es wurden noch ein paar Fotos aufgenommen und dann ging es die paar Kilometer weiter nach Migennes.
Dort waren wir dann fast pünktlich im Hafen eingetroffen, was soll's, ist ja wie ein Urlaubstag heute. Das Auto wurde abgestellt, die benötigen Papiere aus dem Koffer genommen und der geschäftliche Teil konnte beginnen.
Das Büro war bereits geöffnet und der Dame an der Rezeption erklärte ich, dass wir hier ein Boot gekauft hätten und nun zur Übernahme hier eingetroffen seien.
„Ja, sie sei informiert" erklärte sie und bat uns, einen kleinen Augenblick zu warten, sie wollte den Basisleiter herbeiholen.
Der kam kurz darauf in das Büro um uns zu begrüßen und hatte eine Mappe der C 180, so die bisherige Bezeichnung unseres Bootes, dabei.
Die Übergabe war fast eine reine Formsache, eine Unterschrift und schon hatten wir die Schlüssel vom Boot in der Hand, alles andere sei ja bereits mit dem Makler in Castelnaudary geregelt worden. Wir bekamen dann die Mappe übergeben, die neben den Unterlagen auch eine Betriebsanleitung des Bootes enthielt.

Olivier, der freundliche Mitarbeiter vom Vortag, versetzte uns dann das Boot noch aus dem Bereich der Mietbasis heraus und legte vorne an die Hafenbeckenmauer an, so konnten wir mit dem Auto bequem an das Boot heranfahren und alles einräumen und herrichten.

Dann kam der lange ersehnte Augenblick für uns, zum ersten Mal ging es als Besitzer oder besser gesagt als Eigner an Bord unseres Bootes.
Dort herrschte im Innern ein leichtes Chaos, nichts war gereinigt oder ausgeräumt worden, es sah wild aus im Boot.
Olivier kam kurz darauf zu uns ans Boot zurück und wir bekamen von ihm die Erklärung für das mittlere Chaos an Bord von ihm geliefert.
Auf der letzten Tour als Mietboot gab es einen Schaden am Antrieb, der nur provisorisch repariert werden konnte. Ein Hydraulikschlauch des Antriebes war undicht geworden und das Boot war im Kanal liegen geblieben.
Die Bootsmieter waren in Châtel Censior für die Rückreise auf ein anderes Boot umgestiegen, da die Reparatur nicht kurzfristig möglich war, daher die Anfrage der möglichen Übernahme dort. Der undichte Schlauch konnte nur durch einen anderen und viel zu langen Schlauch ausgetauscht werden, da keiner in der passenden Länge zur Verfügung stand, um das Boot zurück nach Migennes zubekommen, ein passender Schlauch sei nachbestellt worden.
Ein ehemaliger Hochseekapitän hatte nach der Reparatur das Boot im Auftrag von LeBoat nach Migennes überführt, allerdings reichte hier die Zeit nicht mehr aus, um das Boot auszuräumen und den Innenbereich des Bootes zu Reinigen, es sollte ja erst das Boot für den neuen Anstrich aus dem Wasser genommen werden.
Nun wollte Olivier mit uns absprechen, wann wir Migennes mit dem Boot verlassen würden und ob die Restarbeiten noch möglich seien und ob sie am heutigen Tage sofort erledigt werden müssten oder ob man in den nächsten Tagen noch etwas Zeit dafür hätte,

man wolle die Restarbeiten eigentlich in Ruhe erledigen und das nicht unter Zeitdruck vornehmen.
Bis zu unserem Urlaub und der eigentlich geplanten Abreise mit dem Boot aus Migennes waren es noch zwei Wochen hin. Die weiteren Umräum- und Einräumarbeiten konnten wir nur an den nächsten beiden Wochenenden vornehmen und weiter hier vor Ort sein, unter der Woche mussten wir noch arbeiten.
Nach Rücksprache mit Olivier wurde daher beschlossen, das Boot noch weiter hier an der Basis zu lassen, dann konnte der Hydraulikschlauch noch in aller Ruhe gegen den passenden Schlauch ausgetauscht werden und die restlichen Wartungsarbeiten am Motor und an der Technik vorgenommen werden.
Das war ja alles kein Problem, da wir so oder so für die Woche wieder zurück nach Deutschland fuhren, erst am Samstag war der nächste Arbeitstag geplant.
So ging es nun für uns an das Umräumen an Bord. Die Sachen, die der Basis gehörten wie Geschirr oder Bettwäsche wurden entweder an Land oder in die hintere Kabine gebracht, unsere Sachen wurden in der vorderen Kabine verstaut.
In der Woche sollten dann die Reinigungskräfte von LeBoat die hintere Kabine leerräumen und das Boot innen komplett gründlich säubern. Olivier war sichtlich froh, dass wir uns so einigen konnten und versprach als Gegenleistung auf das Boot gut aufzupassen.
Am späten Vormittag fuhren wir mit dem Auto kurz hoch in die Stadt, um uns eine Kleinigkeit für das Mittagessen zu holen.
Später am Nachmittag zog sich der Himmel leider etwas zu, Wolken kamen auf und der Himmel wurde grauer, aber es blieb trocken.
Gegen Abend wurde dann der Rest aufgeräumt, alles schön verstaut und dann der Bootsschlüssel wieder wie vereinbart im Büro abgegeben.
Anschließend ging es zurück nach Düsseldorf, das wir dann spät am Abend, aber überglücklich erreichten.

An dem nächsten Wochenende Anfang September musste ich alleine nach Migennes fahren, Helga bekam kein frei und musste arbeiten.
Vor Ort wurden Einkäufe für das Wochenende getätigt, danach wurden zwei Gasflaschen besorgt, im Boot eingeräumt und angeschlossen. Die Liste mit den aufgestellten nötigen Arbeiten, die ich mir am Tag der Übernahme erstellt hatte, wurde herausgeholt und anschließend Punkt für Punkt abgearbeitet. Unter der Woche waren die Gegenstände von LeBoat aus der hinteren Kabine herausgeräumt worden und das Boot war gründlich gereinigt worden. Somit konnte ich richtig loslegen. Die restlichen Kartons mit Utensilien für das Boot wurden aus dem Auto geholt und in das Boot verbracht. Jetzt ging es an das Einräumen von Geschirr, Töpfen, Tellern und Besteck, wohin nur mit dem ganzen Kram??
Die leeren Kartons wurden zerkleinert und in einen größeren Karton umgefüllt.
Der Rest des Tages wurde weiter mit Reinigen verbracht, auch die noch verbliebenen alten Beschriftungen von LeBoat wurden entfernt.
Am Abend konnte ich erstmals den Ausblick von meinem Steuerstuhl mit einem Glas Wein in der Hand genießen. Im Umfeld des Hafens war es eigentlich recht ruhig, auch wenn unmittelbar auf der anderen Seite des Hafenbeckens der Bahnhof von Migennes lag. Später als es anfing dunkel zu werden wurde es dann allerdings lauter draußen, da hunderte von Staren eintrafen und sich in den Bäumen zur Nacht niederließen. Ich bummelte dann noch etwas draußen herum und machte auch noch ein paar Fotos von dem Boot, wie es im Dunkeln an der Hafenmauer lag.

Ein schönes Bild, schön anzusehen.

Die erste Nacht auf dem Boot war zuerst etwas ungewohnt, da das grelle Licht vom Bahnhof auf der anderen Seite vom Wasser das ganze Umfeld erleuchtete, aber es war herrlich gemütlich in der Kabine, ich hatte anschließend fest und tief geschlafen.

Am nächsten Morgen wurde ich aus meinen Träumen gerissen, eher geklopft, eine große Gans schwamm neben dem Boot und klopfte mit dem Schnabel an der Bordwand, um von meinem anstehenden Frühstück einen Anteil zu erhalten.
Kaffee wurde gekocht und weiter ging es mit dem Schrauben. An allen nur möglichen Stellen brachte ich Haken zum Aufhängen von Handtüchern oder Kleidungsstücken in den Kabinen an, die dort definitiv fehlten.
Immer wieder saß ich zwischendurch auf dem Steuerstuhl und schaute mir die Umgebung an, so wohl fühlte ich mich hier an Bord.
Die provisorischen Schläuche am Motor waren unter der Woche entfernt und durch neue passende Schläuche ersetzt worden. Dabei hatte es noch einen Schaden im Motorraum gegeben, der Auspuffkrümmer brach ab und musste ebenfalls getauscht werden.
So hatte ich zumindest ein paar zusätzliche neue Teile am Motor erhalten, wie mir Olivier am Tag zuvor erklärt hatte.
Am Nachmittag wurde dann Ordnung geschaffen und der Schlüssel wieder in der Basis abgegeben, da Olivier noch ein paar Kleinigkeiten an Wartungspunkten erledigen wollte.
Ein letzter Blick auf das Boot und auf ging es auf die Rückreise nach Düsseldorf, am nächsten Wochenende war der nächste Besuch an Bord geplant.
So konnte ich an den beiden Wochenenden vor unserem Urlaubstermin in der Septembermitte die ersten Sachen an Bord unseres Bootes bringen und dort verstauen oder einbauen, je nachdem was anlag. Langsam fand alles seinen Platz im Boot und zum Urlaubstart waren wir aus dem großen Chaos heraus.

Endlich war der 18. September gekommen, es ging erstmalig für Ferien an Bord auf die Ingrine, unserem Boot.

Die Anreise über Luxemburg wurde langsam zur Routine und nach einer gemütlichen Fahrt mit einigen Pausen kamen wir voller freudiger Erwartung in Migennes an.
Im Büro wurde der Schlüssel für das Boot geholt und das mitgebrachte Gepäck für die nächsten zwei Wochen umgeladen, anschließend ging es hoch in die Stadt in den Supermarkt um einen Teil des Proviants für die nächste Zeit zu besorgen.
Zurück an Bord wurden alle Einkäufe und der Rest des Gepäcks verstaut, allerdings gab es das eine oder andere Teil, das erst im zweiten Anlauf seinen endgültigen Platz fand. Der Kühlschrank war schnell voll und für die Getränke hatten wir noch eine zweite elektrische Kühlbox dabei, sodass der Platz ausreichend war.
Der Wasserschlauch wurde ausgerollt und Wasser nachgefüllt, damit wir nächste Tage mit vollem Tank starten konnten.
Nach einem kleinen Mittagssnack in Form von einer frisch aufgebackenen Pizza wurde erst einmal etwas die Sonne genossen, wir hatten ja schließlich heute auch unseren ersten Urlaubstag.
Am Nachmittag wurden dann die letzten Spuren der Mietbootbezeichnung entfernt und dann kam der große Moment und meine eigene Vignette wurde innen an das Fenster auf der Steuerbordseite angebracht, die ich zuvor bei VnF, der Wasserstraßenverwaltung, gekauft hatte.
Achtern wurde anschließend am Boot nach einer gründlichen Reinigung die neue Kennung aufgeklebt und es erfolgte vorne am Bug das Anbringen des neuen Namenzuges auf beiden Seiten des Bootes.

Jetzt war aus der C180 die *INGRINE* geworden.

Die Kennzeichnung des Bootes war ja zuvor in Deutschland beim ADAC beantragt worden, zusammen mit den damit verbundenen neuen Bootspapieren hatte ich diese vor einigen Wochen erhalten.

Bei einem der letzten Einkäufe hatte ich mir ein schönes dickes Schreibbuch gekauft, das ich mit einem schönen Aufdruck und einer Schutzhülle versehen so zu unserem Bordbuch oder Logbuch umgefertigt hatte.

Im Vorfeld hatte ich mir einen geeigneten Text oder eine Widmung für das Bordbuch überlegt und war nach mehreren Versuchen zu einem endgültigen Entwurf gekommen.

Als Präambel erhielt das Buch den folgenden Text:

In stillem Gedenken an meine geliebte und viel zu früh verstorbene Ehefrau Ingrid erhielt das Boot vom Typ Tradition 1135 mit der Zählnummer C 180 im Sommer 2010 den Namen Ingrine .

Dies geschah in Anlehnung an der Aussprache Ihres Namens durch unsere französischen Freunde, die mit dem Namen Ingrid immer Schwierigkeiten hatten und schlichtweg Ingrine daraus machten.

Ein Kosename, den ich auch immer gerne verwendet habe.

Migennes, Burgund (France)

im September 2010

Von nun an war das Mietboot Geschichte.

Am späten Nachmittag erhielten wir dann unseren ersten Besuch an Bord. Der Kapitän, der unser Boot von Châtel Censior nach Mi-

gennes überführt hatte war im Hafenbüro vorbeigekommen und schaute kurz bei uns am Boot vorbei.
Zuerst hatte der ältere Herr etwas zurückhaltend am Kai gestanden und nur gegrüßt.
Als er aber merkte, dass ich in Französisch antwortete gab er sich zu erkennen. Wir begrüßten ihn und er bat uns, an Bord kommen zu können, er wolle nachsehen, ob die Mechaniker von LeBoat etwas repariert hätten, was er nach der Überführung bemängelt hätte.
Dem konnten wir gerne zustimmen und er betrat das Deck. An Bord schaute er nach der hinteren Toilette, die wir aber vor zwei Wochen bereits reparieren ließen.
Er warf danach einen Blick in den Motorraum, auch da war ja in der Zwischenzeit der Austausch der Hydraulikschläuche erfolgt.
Zufrieden nickte er und gab uns noch den einen und anderen Hinweis für den Aufenthalt an Bord im Sommer und im Winter.
Erschwärmte von dem Boot uns seiner Bauart, und versicherte uns, einen guten Kauf getätigt zu haben.
Dann verabschiedete er sich bei uns und wünschte uns eine gute Zeit an Bord und spazierte zu seinem Auto, das neben dem Bürogebäude geparkt war.
Wir hatten uns über diesen kleinen Besuch gefreut und fanden es auch eine nette Geste, dass er sich an die kleinen Schäden an der Technik erinnerte und nach deren Behebung schaute.
Zum Glück war das Problem behoben worden, sonst hätte er vermutlich bei den Mechanikern vorgesprochen und dort Trouble gemacht.
Für uns war der Besuch ein Anlass, den heutigen Arbeitstag mit einem Glas Rotwein zu beenden und der Sonne einige Weile bei ihrem Lauf über den Himmel zuzusehen.
Später wurde dann das Abendessen gebrutzelt und nach der Tafelrunde sind wir noch etwas am Hafen entlang gebummelt.

Die Luft, die Ruhe am Wasser, die Umgebung, einfach nur herrlich.

Direkt gegenüber vom Liegeplatz des Bootes war eine Parkbank, die wir dann besetzten. Hier konnte man stundenlang auf der Parkbank am Kaiufer sitzen und dem Treiben im Hintergrund zusehen. Später dann, als es kühler wurde, verlegten wir unsere Beobachtungsstation ins Innere des Bootes, bevor es zu Bett zur Nachtruhe ging.

Die Nacht war ruhig, so wie ich es an den beiden Wochenenden zuvor erleben konnte.

Am nächsten Morgen wurden wir wieder von einem strahlend blauen Himmel verwöhnt. Die aufsteigende Sonne erwärmte die Luft in relativ kurzer Zeit und man konnte schon früh am Tag mit kurzärmeliger Kleidung an Deck herumlaufen und draußen den Kaffee genießen.

Das Deck wurde abgefegt, in der Nacht gab es immer mal wieder das eine oder andere Blatt, das vom Wind dort abgelegt wurde. Mit den Brotresten vom Vortag wurde die Gans gefüttert, die ich von den vorangegangenen Wochenenden bereits als Frühstücksgast her kannte und die bereits ungeduldig im Wasser vor dem Boot umher schwamm.

Achtern wurde später der Flaggenstock montiert und die Deutsche Flagge angebunden. Das war natürlich auch der Moment für einige Erinnerungsfotos, das konnte man sich nicht entgehen lassen.

Vom Kai aus betrachtet sah das Boot einfach traumhaft aus, als es nun dort im Sonnenschein an der Ufermauer im Wasser lag.

Am Vormittag beschäftigten wir uns mit weiteren Kleinigkeiten, die zu erledigen waren, es gab ja auch noch so viel zu tun und genug zu Reinigen im Boot.

In der Mittagszeit kam dann Betrieb im Hafen auf, was uns wieder für eine Pause nach draußen lockte.

Aus der Eingangsschleuse von der Yonne zum Canal de Bourgogne kamen zwei Frachtschiffe oben ins Hafenbecken herausgefahren, die im Päckchen, also nebeneinander vertäut waren. Beide waren leer und ragten hoch aus dem Wasser heraus. Die Schiffe passierten unsere Liegeposition im Hafenbecken und drehten dann, wobei die

Schraube des Antriebsschiffes das Hafenbecken ordentlich aufwühlte. Anschließend fuhr das Gespann rückwärts weiter in den Kanal hoch.
Das war schon ein Schauspiel. Vermutlich gab es oberhalb an der nächsten Beladestelle keine Wendemöglichkeit, sodass dem Gespann nur die Rückwärtsfahrt übrigblieb.
Kein einfaches Manöver, auf einer Strecke von etwa sechs Kilometern, auf der noch eine weitere Schleuse zu passieren war, wie wir am nächsten Tag dann feststellten konnten.

Wir fuhren am Nachmittag noch einmal hoch in die Stadt zum Einkaufen, da eine Liste mit benötigten Dingen, die wir nach unserer Ankunft in Migennes angefertigt hatten, immer länger wurde.
Nach der Rückkehr wurden die Einkäufe im Boot verstaut und unser neu erworbener Wäscheständer draußen auf dem Deck angebracht und mit den feuchten Küchenhandtüchern von unseren Putzereien zum ausprobieren beladen.
Am späteren Nachmittag wurde dann das Auto auf dem großen Parkplatz neben der Basis sicher abgestellt und es wurde sich im Büro verabschiedet, da wir am nächsten Morgen die Passage durch den Canal de Bourgogne beginnen wollten.
Ich übergab Olivier ein gutes Trinkgeld, da er uns bei entsprechender Gelegenheit mit vielen kleinen Tipps und einigen Dingen gut geholfen hatte.
Er brachte mir später noch einen handschriftlichen Zettel, auf dem er mir sämtliche auf der Basis für das Boot vorher verwendeten Betriebsstoffe und Schmiermittel aufgelistet hatte. Dort waren auch die Ölfiltertypen und der Hydraulikfilter erwähnt. Auf einem weiteren Zettel war eine Anschrift eines Schiffsausrüsters vermerkt, bei dem LeBoat die Ersatzteile für unser Boot und die anderen älteren Boote bestellte.

So waren wir gut gewappnet.

Den restlichen Tag verbrachten wir mit weiteren Vorbereitungen, am folgenden Morgen sollte es dann losgehen, wir waren aufgeregt und sehr gespannt auf unser großes Abenteuer.

Später musste ich noch einen Teil von der respektlosen Crew aus dem Kapitänsstuhl scheuchen, der sich dort flegelhaft breitgemacht hatte und dort nichts, aber auch gar nichts zu suchen hatte.
Auf Nachfrage der respektlosen Person, wenn ich der Kapitän sei, welchen Mannschaftsgrad sie denn dann hätte sagte ich nur

„Frosch"

Es gab 1986 den Kinofilm „Piraten" von Roman Polanski mit Walther Matthau und Cris Campion, in denen ein Anfänger und Gehilfe des Captain Red auch nur so genannt wurde.

Auf einem Boot gibt es ja eine Menge an Aufstiegsmöglichkeiten, und wenn es nur die Stufen hoch auf das Deck sind . . . .

Der Canal de Bourgogne

Passend zum bevorstehenden Ereignis verwöhnte uns das Wetter mit einem blauen Himmel am nächsten Tage und bei strahlendem Sonnenschein wurde gefrühstückt. Am Vortag hatten wir noch einmal alle Abläufe und Handgriffe beim An- und Ablegen besprochen, aber auch den Ablauf bei der Anfahrt und dem Erreichen einer Schleuse, da Helga absoluter Rookie war.

Nach dem Frühstück wurde am 20. September kurz nach 10°° morgens die Fahrt ins Ungewisse gestartet.

Helga war im Vorfeld instruiert worden, welche Handgriffe nötig waren, wenn der Motor gestartet wurde und auf was geachtet werden musste, aber wir waren optimistisch, dass alles Problemlos läuft.

Nun war er nach langer Zeit endlich da, der große Moment. Der Zündschlüssel kam zum ersten Mal für eine wirkliche Fahrt zum Einsatz. Er wurde in das Zündschloss eingesteckt und gedreht, die Motorelektrik wurde damit freigeschaltet und sofort blinkten die beiden Kontrollleuchten für die Batterieüberwachung auf. Der Taster für das Vorglühen wurde gedrückt und gehalten und nach einer halben Minute drehte ich den Zündschlüssel eine Position weiter, womit der Anlasser betätigt wurde. Bereitwillig drehte der Motor los und sprang fast sofort an.

Während des Warmlaufens des Motors ging es für uns an Deck mit den nächsten Handgriffen weiter. Zuerst wurde mit einem kurzen Blick der Austritt vom Kühlwasser am Heck kontrolliert, ob die Kühlung vom Motor auch gewährleistet war.

Danach ging es daran, die Leinen für das Ablegen vorzubereiten und zu lösen. Einfach gesichert waren die Festmacher von mir jetzt so belegt worden, dass Helga diese auf Ansage losschlagen konnte, ich war zurück nach Innen an den Steuerstand gegangen. Alles wurde mit einem Blick noch einmal geprüft und dann kam das lange erwartete Kommando:

Leinen los!

Die Festmacher wurden von Helga nun endgültig von den Ringen am Ufer gelöst und auf das Deck geworfen, erst auf der linken, dann auf der rechten Seite und dann war die Ingrine frei. Da wir mit dem Heck am Kai lagen war keine Vorleine zu lösen.

Der Antrieb wurde eingekuppelt und in Schleichfahrt legten wir ab. Von der Mauer kamen wir ohne Abdrücken oder weiteren Hilfsmitteln ab, da wir alleine dort lagen mussten wir auch auf kein anderes Boot achten. Zwei Bootslängen später war ich in der Fahrrinne angekommen und wir taten einen letzten Blick zurück auf die Basis von LeBoat und den Hafen von Migennes.
Ob wir diesen Anblick zu späterer Zeit noch einmal erleben würden, sprich uns unsere Wege noch einmal hierhin zurück nach Migennes führen werden?

Wer kann das Wissen?

Nach dem Ablegen bekam der Frosch die Anweisung, die Festmacher wie gelernt und geübt sauber aufzuschießen, dazu hatten wir später an der Schleuse keine Zeit, und in meinen Augen ist das etwas, was auch sofort gemacht werden sollte, denn nichts kann hinderlicher sein als wirre Taue, wenn sie gebraucht werden. Auch diese Aktion brachte der Frosch erfolgreich hinter sich, ohne sich dabei in einem Kokon aus Festmachern einzuwickeln.
Erhobenen Hauptes konnten wir nach dem ersten gelungenen Ablegemanöver den Hafen von Migennes ohne Gelächter vom Land her verlassen.
War doch gar nicht so schlimm.

An der Ufermauer weiter hoch lagen noch zwei Mietboote und ein weiteres Privatboot, die wir langsam passierten, erst beim Übergang vom Wendebecken in den Canal de Bourgogne drehte ich den Motor etwas höher auf. Mein GPS auf meinem Handheldcomputer, den ich als Tacho auf dem Boot benutze, zeigte sieben Km/h an, damit waren wir flott genug im Kanal unterwegs. Ich benutzte dann die ersten Meter der Fahrt im Kanal auch dazu, durch Lenkbewegungen zu erkunden, wie direkt oder indirekt die Ingrine auf Ruderbewegungen reagiert, um mich darauf einzustellen. Aber es klappte alles ausgezeichnet. Die Ingrine lief so sanftmütig, wie ich es auch bei den Mietbooten erleben konnte, die ich zuvor gefahren hatte.

Auf die Ruderkommandos reagierte das Boot sofort, somit würden wir da wohl keine bösen Überraschungen erleben. Vollgetankt und beladen mit unserem Gepäck und einer halben Tonne Wasser im Tank konnte das ja auch anders aussehen als auf unserer Probefahrt damals beim Ankauf im Frühjahr.

Bereits zwanzig Minuten später erreichten wir die erste Schleuse auf unserer Reise, die Schleuse von Cheny. Dort gab es einen kleinen Aufenthalt, da die Schleuse noch nicht für uns vorbereitet war und auf rot stand.

Der ganze Ablauf der Bedienung bei der Schleusung wurde vom Schleusenwärter von Hand erledigt, Schütze zu, Tore auf, das dauerte entsprechend etwas länger als bei den motorisch angetriebenen Schleusen, die ich vom Canal du Midi her kannte.

Wie vorher verabredet ließ ich Helga am Ufer vor der Schleuse von Bord, damit sie oben in der Schleuse die Taue annehmen konnte.

Für uns ging es die nächsten einhundertfünfundfünfzig Kilometer bergauf mit dem Boot und die erste Schleuse war mit drei Meter zehn Hub auch nicht gerade niedrig.

Nach kurzer Zeit öffnete sich das Tor langsam und die Ampel wechselte auf grünes Licht. Es war soweit, es ging das erste Mal für uns mit der Ingrine in eine Schleusenkammer hinein.

Das Boot wurde in der Schleuse aufgestoppt, die Leinen von mir vorne und hinten hochgeworfen und von Helga jeweils um einen Poller gelegt. Ein Festmacher kam zurück für mich auf das Boot, den hatte ich zu halten, den anderen Festmacher hatte Helga in der Hand oben auf der Kammerwand über den Poller zu führen.

Das Schleusentor wurde vom VnF-Mitarbeiter geschlossen und los ging es nach oben. Gute fünf Minuten später war die Ingrine dort angekommen und die Leinen konnten lockerer gehalten werden.

Das Boot wurde registriert und es wurde kurz abgefragt, wie weit wir den Kanal befahren wollten.

„Komplett bis Saint Jean"? die Nachfrage vom Eclusier war leicht erstaunt.

Der Frosch sprang zurück auf das Deck der Ingrine und wir verließen mit dem Boot die erste Schleuse. Die Festmacher wurden wieder aufgeklart und dann gab es Manöverkritik, da die Schleuse noch etwas holperig passiert wurde, da alle Handgriffe noch nicht eingespielt waren.

Der Zug hinten auf dem Seil sei schon heftig gewesen, und Helga meinte, dass sie das Tau gerade noch gehalten hätte. Ich gab ihr den Tipp, bei so einem Fall das Tau doppelt um den Poller zu legen, dann hätte dies eine bremsende Wirkung und der Zug würde weniger. Bei der nächsten Schleuse wollten wir tauschen, Helga sollte den Festmacher vorne halten und ich wechselte nach hinten. Vielleicht geht es dadurch dann bereits schon besser.

So ging es dann weiter auf dem ersten Teilstück unseres langen Weges bis wir um 12:30 hinter Brienon-sur-Armancon nach zwei weiteren Schleusen und zehn Kilometern gefahrener Strecke zur

Mittagspause anlegen mussten, die Schleusen waren nun für eine Stunde geschlossen.

Der Tausch der Positionen an den Festmachern hatte sich bewährt, es lief jetzt leichter in der Schleuse beim Schleusenvorgang und der Frosch hörte auch auf zu quaken.

Ich meine natürlich den Frosch am Uferrand, wir hatten uns eine geeignete Stelle ausgesucht um dort anzulegen, wieder eine Premiere für uns mit der Ingrine.

Vorsichtig wurde das Ufer anvisiert und die Ingrine behutsam an den Kanalrand manövriert. Die Taue wurden an Land geworfen. Es folgten die Erdnägel und ein großer Hammer, das sind zwei große Metallstangen, die mit dem Hammer in den Boden gehauen werden und an denen man das Boot am Ufer sicher vertäuen kann.

Der Frosch zickte herum, da sie die gewaltige Entfernung von aufgerundet fünfzig Zentimeter vom Boot ans Ufer springen sollte, das habe ich dann selber gemacht. Ein Erdnagel wurde jeweils vor und hinter dem Boot in das Ufer geschlagen und die Festmacher darum geführt und am Boot an den Klampen belegt.

Dort angekommen gab es nur einen kleinen Mittagssnack für die Crew, es war uns zu warm für ein ausgedehntes Essen. Nach einer kleinen Pause wurden unsere beiden Klappräder vom Boot an Land gebracht und es ging erst einmal mit dem Fahrrad zurück nach Migennes.

Der Frosch fing wieder an zu quaken, aber das mit dem Fahrrad musste sein.

In Migennes angekommen wurden die Fahrräder zusammengeklappt und in das Auto geladen, mit dem es dann nach Brienon-sur-Armancon zurückging. Das Auto wurde auf einem Parkplatz im Dorf abgestellt und mit den Fahrrädern ging es das kurze Stück zum Boot zurück.

Der Frosch quakte nicht mehr, es war ihm wohl zu warm und das Trauma vom Fahrradfahren wirkte scheinbar noch nach.

Bei dem schönen Wetter war die Entscheidung zum Radfahren zuerst nicht schwergefallen, aber zehn Kilometer mit dem Rad bei 25° C und Sonnenschein waren dann doch nicht so einfach wie anfangs gedacht.

Mit dieser Technik wollten wir wie ursprünglich geplant Etappe für Etappe das Auto parallel mit dem Boot nach Osten zur Saône verbringen.

Optimisten, Wahnsinnige.

Zurück an Bord ging es nach einer kühlen Erfrischung und einer weiteren kleinen Pause dann um 15°° auf nach Saint-Florentin, das wir auf der Besichtigungstour im Frühjahr bereits kennen lernen konnten, dort hatte damals der Knirps einen fetten Karpfen aus dem Kanal geangelt.

Der Motor wurde gestartet und die Erdnägel an Land entfernt und an Bord verstaut. Helga hielt an Land die Taue, bis ich das erledigt hatte und kam an Bord zurück. Mit einem leichten Rückwärtsschub kam ich vom Ufer frei, das ausreichend tief war und konnte mit dem Boot in die Kanalmitte zurückkehren.

Auf den nächsten folgenden zwölf Kilometern waren laut der Karte sieben weitere Schleusen eingetragen, dazwischen gab es keine einladenden Bereiche zum Anlegen und Übernachten, Pech.

So entschlossen wir uns dazu, bis Saint Florentin weiter zu fahren um dort die erste Nacht zu verbringen.

Allerdings hatte uns die Aktion mit dem Auto einiges an Zeit gekostet, und so erreichten wir Saint Florentin erst gegen 17:30.

Danach kamen auch keine geeigneten Bereiche mehr und so wurde beschlossen, hinter der alten Eisenbahnbrücke am PK 19 nach zwanzig Kilometern Fahrt und sechs Schleusen die erste Etappe unserer Fahrt an diesem Tag zu beenden.

So vorsichtig wie bereits am Mittag wurde die Ingrine ans Ufer des Kanals gelenkt und dort auf dieselbe Art und Weise mit den

Erdnägeln am Ufer gesichert und vertäut. Danach ging es noch schnell ab in die Stadt, um eine Bäckerei für frisches Brot zu suchen, es war bereits kurz nach 18°°.

Oben in der Altstadt hatten wir Glück und fanden eine schöne alte traditionelle Bäckerei, die noch im Holzofen backte, dort konnten wir uns für das Abendessen ein schönes Brot kaufen.

Die Sonne war noch angenehm warm und wir sind noch ein Stück weiter hoch in die Stadt spaziert. Oben am Hang war ein kleiner Platz mit einem schönen alten Turm, von dort gab es eine wunderschöne Aussicht auf die Altstadt von Saint Florentin und die oberen Gassen. Von hier hatten wir auch einen Versuch gestartet, unsere Ingrine unten auf dem Kanal zu entdecken, aber sie lag zu weit entfernt um die Kanalecke herum und der Blick wurde von den Häusern unten in der Stadt versperrt.

Dafür fanden wir in der Nähe einen kleinen Fußweg, der uns an den Gärten vorbei wieder zurück und runter zum Kanal führte. In mehreren der anliegenden Gärten waren Bananenstauden zu sehen, an deren Trieben sogar kleine Bananenansätze zu sehen waren.

Das war natürlich wieder ein Motiv für die Digitalkamera, die am heutigen Tage bereits ordentlich zum Einsatz kam.

Unten an der Strasse angekommen marschierten wir entlang der kleinen Hauptstraße zurück zum Boot, es galt das Abendessen vorzubereiten, Freiwillige vor!

Keiner meldete sich und der Frosch war unter Wasser verschwunden, sprich stand unter der Dusche, also war ich einmal wieder dran.

Der erste Eintrag von der heutigen Etappe wurde in das Bordbuch verewigt und es war der kleine Moment gekommen, ich durfte mir ein wohlverdientes Glas Wein aus meinem Vorrat gönnen, aber leider war das Glas so klein.

Unsere erste Etappe war geschafft, das war doch gar nicht so schwer, oder.

Selbst der unerfahrene Frosch hatte sich im Laufe des Tages gesteigert und langsam liefen die Manöver beim Anlegen und in der Schleuse runder ab.
Nach dem Essen wurde mit dem anbrechenden Abend der Tag noch einmal durchgespielt und besprochen. Mit dem Ablauf in den Schleusen waren wir zufrieden, es klappte von mal zu mal besser, nur der Aufwand mit dem Autotransfer war uns ein Dorn im Auge, da unser Zeitplan und unsere grobe Einteilung so nicht haltbar waren.
Der ganze Aufwand mit dem Etappenweisen Nachholen des Wagens kostete uns einfach zuviel Zeit, darin waren wir uns einig, wir brauchten da eine andere Lösung, so war das nicht zu machen. Und sollte sich in den nächsten Tagen das Wetter verschlechtern waren wir so oder so aufgeschmissen.
Also wurde spontan auf Plan B umgestellt, der im Vorfeld bereits entworfen worden war und ab hier von Morgen an zum Einsatz kommen sollte. Das Auto sollte auf dem Parkplatz in Brienon-sur-Armancon zurückgelassen werden und zu einem späteren Zeitpunkt von dort nachgeholt werden.

Wie vereinbart erfolgte ein Anruf an meinen älteren Sohn Pascal mit einer Info zur Situation nach Deutschland. Ich berichtete, wie weit wir gekommen waren und wie sich der weitere Ablauf gestalten sollte. Wir verabredeten uns für Freitag den 24. September zu einem Treffpunkt an einem Teilstück der Strecke oberhalb von unserer derzeitigen Position, den wir bis Freitag wohl erreichen würden. Den möglichen Standort wollten wir ihm kurz vor dem Rendezvous bei einem weiteren Telefonat oberhalb an der Strecke mitteilen und den genauen Treffpunkt dann dort vereinbaren.

Das Wetter am Folgetag war uns weiter wohl gesonnen und von dem Problem mit dem Autotransfer befreit machten wir uns auf in den zweiten Reisetag.
Der Motor wurde gestartet, die Festmacher wurden gelöst und es

ging weiter auf unserer Tour. An Deck wurden die Eisenstangen und der Hammer verstaut, unter Deck war das dem Frosch sein Kram.

Die Sonne brannte bereits am Vormittag teilweise sehr stark und die Luft war recht warm, gefühlt war es mehr Hochsommer als Spätsommer, aber das konnte uns nur recht so sein und so schipperten wir auf der zweiten Etappe unserer Reise auf einem der schönsten Teilstücke des Canal de Bourgogne entlang, die Fahrt hier war einfach traumhaft. Helga saß zwischendurch viel auf dem Vorschiff um von dort die Landschaft und die Eindrücke zu genießen.
Es gab hier aber auch sehr viel zu sehen, herrliche Landschaften, gepflegte Uferbereiche, weite Felder und ab und zu ein kleiner Park mit einem alten Chateau im Hintergrund.

Und Schleusen, Schleusen, Schleusen …

Am Nachmittag erreichten wir nach einer schönen Tagesetappe das Städtchen Tonnerre und legten dort nach 17°° zwischen den beiden Schleusen in einem als Hafen oder Liegeplatz bezeichneten Bereich im Ort an. Dort wurden noch ein paar Einkäufe getätigt, frisches Brot und ein paar andere Kleinigkeiten besorgt, die uns für das Abendessen fehlten und erschöpft ging es mit leicht beladenen Taschen zurück an Bord. Im Hafenbereich lagen bereits zwei weitere Boote als wir anlegten und am Abend kam noch ein drittes Boot aus der Schleuse herausgefahren und legte sich hinter uns ans Ufer.

Heute war unsere Streckenausbeute bereits deutlich höher als am Vortag, etwa fünfundzwanzig Kilometer Kanal hatten wir gefahren und dabei elf Schleusen bewältigt. Seit unserer Abfahrt in Migennes hatten wir bereits etwa einundfünfzig Höhenmeter bergauf geschleust. Die Abläufe und die Handgriffe in den Schleusen liefen bereits routinierter ab, nur gelegentliche Patzer trübten noch etwas die Liste unserer Erfolge.

Mit einem Glas Wein in der Hand wurde wie am Tag zuvor der Reiseführer befragt, mit welchen Sehenswürdigkeiten oder Besonderheiten wir am nächsten Tag auf dem nächsten Teilstück zu rechnen hätten und da hatte ich etwas Interessantes gefunden.

Am folgenden Vormittag war laut den Informationen in unserem Kanalführer der Markttag hier in Tonnerre, wo wir die Nacht verbrachten. Zudem gab es in diesem Städtchen gemäß unserem Reiseführer vom Burgund einige Sehenswürdigkeiten, die man unbedingt besucht haben sollte, wenn einen der Weg hier vorbeiführt. Da dies ja der Fall war wurde für den nächsten Tag ein halber Tag Pause beschlossen um über den Markt zu gehen und um die Sehenswürdigkeiten zu erkunden, wir hatten schließlich ja auch Urlaub.

Befreit von der Verpflichtung, am nächsten Morgen in aller Frühe die Weiterfahrt bei klaren Kopf und Gedanken zu starten, konnte ich mich weiter der wissenschaftlichen Frage widmen, ob den alle leeren Weinflaschen gleich schwer sind. Helga hatte mich da nur teilweise unterstützt und bereits sehr früh ihre Schwäche gezeigt, Weichei.

Am nächsten Morgen wurde der Schleusenwärter über unsere Absichten informiert und dann das Boot etwas weiter nach oben im großen Kanalbecken unter den Schatten der großen Bäume, die dort am Kanalrand standen, verlegt. Dort wurde erneut angelegt und die Ingrine sorgsam vertäut. Somit hatten wir es später nicht so weit beim Tragen, wenn wir mit unseren möglichen Einkäufen zurück zum Boot kommen sollten, und wer weis was der Frosch noch so alles an sonstigen Klamotten anschleppt.

Auf die Schnelle schlürfte sich der Frosch noch einen Kaffee hinein und dann waren wir bereit für unsere Erkundungstour. Die Vorhänge an den Fenstern wurden verschlossen, damit es nachher im Boot nicht so warm wurde und die Luke wurde abgesperrt. Alles war bereit und es konnte losgehen und der Ort wurde besucht. Zuerst ging es hoch in die Stadt zur Besichtigung der alten Häuser und

Gassen, anschließend wollten wir über den kleinen Markt bummeln, der einen Teil des Parkplatzes unterhalb der Altstadt einnahm, so unser Plan.

Das Städtchen Tonnerre machte einen sehr gepflegten Eindruck und in welche Ecken man auch immer schaute, es gab immer etwas Malerisches zu sehen, überall sprangen einem bunte Blumenanlagen in die Augen.

Viele kleine Bachläufe und Kanäle kreuzten unseren Weg, links und rechts der Ufer waren kleinere Häuser mit bunten Gärten zu sehen, deren ausladende Blumengirlanden teilweise bis runter ans Wasser ragten und in den verschiedensten Farben blühten. Im Schattenbereich der Ufer und unter den Brücken konnte man im Wasser der kleinen Bäche größere Fische ausmachen, die sich dort über die Angler und deren Ausbeute unten am trüben Kanal schlapp lachten.

Hätte aber so sein können.

Der kleine Höhepunkt im Ort und in allen Reiseführern des Burgunds erwähnt war natürlich die Fosse Dionne, ein altes kreisrundes Waschhaus, das von einer sehr tiefen unterirdischen Quelle gespeist wird. Die ganze Anlage war sehr üppig mit Geranien bepflanzt und war ein schöner Platz zum Erholen. Früher war hier ein Ort harter Arbeit, als das Waschhaus noch gemäß seiner Bestimmung genutzt wurde.

Der Weg zu dem Waschhaus mit dem Quellbrunnen führte an den kleinen Bachläufen vorbei, die von der Quelle gespeist wurden und aus dem Waschbecken heraustraten und uns parallel zum Verlauf des Bürgersteiges entgegen geflossen kamen. Von der Umrandungsmauer des Brunnens hatte man einen guten Blick in die Tiefe, kristallklares Wasser in dem Brunnen, soweit man zu dessen Grund nur sehen konnte. Am Abend soll das Waschhaus mit Licht angestrahlt sein und herrlich anzusehen sein, so lange konnten und wollten wir dann aber nicht verweilen.

Nach dem Besuch an der Quelle ging es dann den Weg weiter hoch zur Kirche, die auf einer Anhöhe die Stadt überthronte. Von hier oben hatte man einen herrlichen Ausblick über die Stadt, aber auch über die wunderschöne Landschaft, die uns hier überall umgab. Das Dach vom Glockenturm war zum Teil mit Holzschindeln gedeckt und oben an den Mauerecken des Hauptschiffes konnte man in den Sandstein eingravierte Muscheln erkennen. Damit wurde die Lage der Kirche oder des Ortes signalisiert, man befand sich hier an einem Teil des Jakobsweges, der Pilgerroute nach Santiago de Compostela in Galicien in Spanien.

Auf dem Weg zurück zum Boot schlenderten wir noch über den Markt, hier hatten es Helga besonders die süßen kleinen weißen Chardonnaytrauben angetan, die an den Ständen zum Verkauf angeboten wurden. Eine Kostprobe der Trauben war der Ausschlag für den Erwerb eines knappen Kilos, das nun in den nächsten Tagen wohl ein Teil ihres Speiseplanes werden sollte. Ich zog die flüssige Variante vor.

Zurück am Boot wurden wir von einem Wohnmobilfahrer angesprochen, der aus Erfurt kommend hier unterwegs war und erstaunt über ein Boot aus Deutschland war. Er wolle von uns noch ein paar Tipps über den Ort und die weitere Umgebung, da konnten wir dann aber nicht mehr allzu viele Informationen beisteuern. Ich gab ihm noch den Tipp, es am Fremdenverkehrsbüro zu versuchen, dort erhält man in der Regel gute Unterlagen und Anregungen für den Aufenthalt in der Region und man war dort in der Regel auch über einen Besuch erfreut.

Jetzt galt es aber, die Einkäufe zu verstauen, eine Kleinigkeit zum Mittagessen einzunehmen und anschließend den Schleusenwärter zu informieren, dass es weitergehen sollte, sonst kommen wir ja hier nie weg.

Das gute Wetter und die schöne Landschaft blieben weiterhin unsere getreuen Begleiter auf dem weiteren Verlauf unserer Reise auf dem Kanal durchs Burgund. So macht Urlaub richtig Spaß, schön alles in Ruhe genießen, kein Stress, keine Hektik, Traumhaft. Und ein Animationsteam wird hier an Bord nicht benötigt.

Die Natur gab uns auch immer wieder zahlreiche Gelegenheiten, Ufergäste am Kanal zu beobachten, Reiher, Greifvögel und natürlich auch die hellen Charolaisrinder auf den Weiden entlang des Kanals, die vielfach zu uns angetrabt kamen, wenn wir in hörbarer Reichweite waren. Der Dieselmotor mit der niedrigen Drehzahl unseres Bootes hört sich für sie scheinbar wie ein Traktor an. Der Bauer kommt, schnell hin, so hatten wir immer wieder den Eindruck. Wir schauten immer wieder in dumme Gesichter, wenn anstatt eines Traktors wir mit unserem Boot um die Ecke kamen.

Es gab entlang des Kanals kaum ein Dorf oder einen Ort, in dem man nicht die alten Waschhäuser sehen konnte, die es hier im Burgund überall gab. Manchmal konnte man sie sogar direkt vom Boot aussehen, wenn die Waschhäuser unmittelbar am Ufer oder in Ufernähe standen.

Aber auch andere ungewöhnliche Bauten konnte man am Ufer entdecken. Einmal fuhren wir in einem Dorf an einer Holzgarage vorbei, deren Einfahrt die Form eines Weinfasses hatte. Welche Automarke wohl in dieser Garage zu Hause war?

In der Umgebung von Tanlay führte uns der Kanal durch einen Ort und auf eine Schleuse zu, die in unmittelbarer Nähe eines beschrankten Bahnüberganges lag. Beim Schleusenwärter war ein älterer Herr zugegen, der nach einem kurzen Blick auf unser Boot

Helga ansprach, die auf dem Vorschiff den Festmacher belegt hatte. Die Beiden unterhielten sich dann eine Weile. Sehr verwunderlich, da Helga kaum Französisch verstand. Ich selber bekam vom Inhalt nichts mit, da ich hinten in der Nähe des Motors stand und meinen Festmacher hielt. Nach der Schleusung wurde zum Abschied gewunken und dann kam von Helga die Auflösung des Rätsels. Der Herr war früher der Bahnwärter an dieser Schranke und nun pensioniert. In seiner Jugend war er nach dem Krieg im Saarland in den Kohlegruben beschäftigt gewesen und konnte daher etwas Deutsch. Er sei gerne bei seinem Kumpel hier an der Schleuse, denn im Sommer käme schon einmal der eine oder andere deutsche Tourist hier vorbei und er freue sich dann immer, wenn er mit denen auf Deutsch etwas plaudern könne.

Es gab auf unserer Fahrt aber auch lustige Sachen zu sehen. Unterwegs liefen wir auf ein kleines Kajütboot auf, das langsam im Kanal vor uns hin tuckerte. Der Bauform nach war es ein Segelboot, es war aber ohne Mast an Bord unterwegs. Das Boot tuckerte langsam vor sich hin und lag tief im Wasser. Der Karte nach war die nächste Schleuse noch ein Stück voraus und so setzte ich zum Überholvorgang an. Zu den drei Leuten, die wir bisher hinten im Boot erblickt hatten, gesellte sich eine vierte Mitfahrerin, die vorne mittig und breitbeinig auf dem Vorschiff saß und dieses fast vollständig ausfüllte.
"Wenn die sich bewegt", so mein Gedanke "kentert der Kahn und die klatscht ins Wasser".
Bei dem Überholvorgang musste ich mir das Lachen verkneifen, so drollig sah es aus, wie die Frau auf dem Deck thronte. Helga fand das Bild auch zum Schiessen und fortan sprachen wir nur noch von der Prinzessin auf der Erbse, wenn wir uns an diese Situation erinnerten.

Aber es kam noch besser. In der nächsten Schleuse waren wir bereits eingefahren und bereit zum Schleusen, als die Dschunke um die Ecke bog. Der Eclusier wollte von uns wissen, was das denn sei, den die Silhouette von den Bötchen gegen die langsam tiefer stehende Sonne sah schon eigenartig aus. Er wollte das genauer untersuchen und holte sich sein Fernglas aus dem Schleusenhäuschen. Damit war unsere Einzelschleusung im Eimer. Bei der nach gut zehn Minuten später erfolgten Ankunft des Schnellbootes in der Schleuse wurden wir aber für das Warten entlohnt. Madame le Vorschiff machte keinerlei Anstalten sich zu bewegen, sie kramte vorsichtig unter ihrem Gewand einen Stock hervor, um damit das Boot von der Mauer auf Abstand zu halten. Danach hielt sie den Stock wie ein Zepter hoch und ich dachte schon, gleich werden wir von ihr gesegnet. Einer der beiden Herren vom Achterschiff war in der Zwischenzeit aus dem Boot gekrabbelt und die Schleuse hochgeklettert, belegte hinten ein Stück Wäscheleine um einen Poller und begab sich auf nach vorne, um dort ebenfalls eine Schnurr an einen Poller zu befestigen. Das Endstück von der Kordel bekam dann ihre Hoheit heruntergereicht, die das Ende des Seiles dann fest in der Hand festhielt.

Und festhielt.

Und festhielt.

Und festhielt, selbst als die Schleusung begann und das Boot nach oben gehoben wurde. Hinten wurde brav die Leine auf Zug gehalten und eingeholt, vorne hielt die Comtesse de Blamage die Leine wie zuvor fest in den Händen, obwohl die Leine schon in einer Schlaufe zum Boot herunterhing. Da dort kein Zug auf der Leine war dauerte es nicht lange, und das Schlachtschiff seiner Majestät hing quer in der Schleuse hinter uns.

„Nun", dachte sich vermutlich eure Außerordentlichkeit „mache ich es wie mit dem Volke, immer auf Abstand halten" und ergriff erneut das Zepter, um sich damit die Schleusenmauer vom Leib, ähem, vom Boot zu halten.

Wir grölten leise vor uns hin während der Eclusier voller Verzweifelung das Schleusenhäuschen nach einer versteckten Kamera absuchte, zu lustig sah das aus.

Leider öffneten sich dann viel zu schnell die Tore der Schleuse und wir verließen mir der Ingrine den Ort des Geschehens. Wir wussten nicht, was denen der freundliche Schleusenwärter empfohlen hatte, wir wussten nur, schnell weg hier.

Im folgenden Abschnitt bis zur nächsten Schleuse konnte ich zumindest so viel Zeit herausfahren, dass wir dort alleine durch die Schleuse geschleust wurden, der ganze Spaß hatte uns schon etwas Zeit gekostet.

An diesem Tag war dann unser heutiger Tagesschluss am Anleger hinter dem Obertor der Schleuse 85 in Lézinnes, dort lagen wir direkt gegenüber dem ersten Hotelschiff, dem wir auf dieser Strecke begegnet waren, der Elisabeth. Die Schiffe sind ehemalige Frachtschiffe, die nach einem Umbau als schwimmendes Hotel unterwegs waren. Meist sind diese Schiffe nicht sehr groß, etwas acht bis zehn Gäste werden wohl auf so einem Schiff mitfahren können. Die Besatzung besteht in der Regel aus dem Eignerpaar, dass alle Rollen von Kapitän, Zimmermädchen bis zum Koch innehatte. Alles sehr familiär gehalten, kann auch ganz nett sein.

Unsere Ausfahrt aus der Schleuse und unsere Ankunft am Anleger wurden zumindest von einigen der englischen Gästen interessiert beobachtet, aber bald wurde sich wieder der eigenen Lektüre gewidmet, das sollte uns auch recht so sein.

Mit dem mit seinem Mofa mitgefahrenen Schleusenwärter wurde die Uhrzeit für die Weiterfahrt am nächsten Morgen abgesprochen. Wir bedankten uns bei ihm für seine Hilfe und dann fuhr er mit seinem Mofa zurück nach Hause, wo immer das nun war.

Unsere Ausbeute für den heutigen halben Tag war auch nicht so schlecht, obwohl wir den Stadtrundgang und den Bummel über den Markt hinter uns hatten. Vierundsechzig Kilometer und neunundzwanzig Schleusen waren bis hierher seit unserer Abfahrt in Migennes bewältigt worden, zumindest von der Streckenlänge hatten wir bis hierhin ein Viertel geschafft. Die richtige Arbeit mit den Schleusen wird aber wohl erst vor der Scheitelhaltung auf uns zukommen, wenn der Abstand der Schleusen untereinander dichter wird.

Fast eine Stunde nach unserer Ankunft hier tuckerte das Flaggschiff mit seiner Herrlichkeit an uns vorbei, fand aber oberhalb von unserem Liegplatz keinen geeigneten Platz mehr. Das Boot wurde gewendet und man fuhr gemächlich zurück Richtung Schleuse. Unterhalb von uns, kurz vor der Schleuse, wurde man fündig und es wurde angelegt. Ich war schon dabei den Wecker für den nächsten Morgen früher einzustellen als wir bemerkten, dass das Schiff von der ganzen Truppe verlassen wurde. Die ganze Meute schnappte sich ein paar Taschen, wo immer die auch auf dem Boot untergebracht waren, und trottete zu einem Auto, das hinter einer Wiese an einem Weg abgestellt war, verlud das Gepäck in das Auto und war anschließend mit diesem entschwunden.

Doch nicht früher aufstehen, Gott sei Dank.

Das/die Glas/Gläser Rotwein am Abend, ob nun vor, mit oder nach dem Essen, hatten wir uns heute redlich verdient. Die Erlebnisse und Eindrücke wurden schnell noch in das Bordbuch eingetragen und dann war für uns Feierabend angesagt. Das Abendessen wurde gebrutzelt und mit den Erinnerungen an den heutigen Tag und dem Erlebten wurde der Abend verbracht.

Der nächste Tag brach an und Petrus war uns erfreulicherweise immer noch gut gesonnen. In der Nacht zuvor gab es zwar ein Gewitter und es hatte dem Geräusch nach heftig geregnet, aber am Morgen war wieder der gewohnte blaue Himmel mit Sonnenschein über uns. Durch den Regen in der Nacht wurde aber auch der erste kleine Mangel am Boot festgestellt, hinten im Bad war eine Scheibe undicht und muss zu einem späteren Zeitpunkt neu abgedichtet werden. Die Positionslaternen wurden von mit auf Funktion geprüft, falls am Tage erneut Regen aufkommen sollte würden sie eventuell benötigt werden.

Beim Frühstück kam dann die große Frage auf: Ist das Hotelschiff, das am gegenüberliegenden Ufer vertäut lag, ein Berg- oder Talfahrer, sprich fährt es in unsere Richtung oder fährt es in Gegenrichtung nach Migennes weiter?

Wenn das Hotelschiff ablegt und dreht und in unserer Richtung weiterfährt dann hat es Vorrang vor uns und wir hängen hinter dem langsameren Ungetüm fest. Aber zu unserem Glück legte der Pott vor unserer Abfahrt ab und fuhr in unserer Gegenrichtung los.

So konnten wir nach dem Frühstück, bestehend aus zwei Pötten Kaffee und einem Glimmstängel, ganz entspannt den Motor starten und die heutige nächste Etappe in Angriff nehmen. Gemütlich wurden die Taue gelöst und die Weiterfahrt aufgenommen. Der Frosch musste noch das Deck von den Blättern abfegen, die uns der Regen in der Nacht hinterlassen hatte, dann durfte sie unter Deck um Klarschiff machen und sich dort noch einen Kaffee kochen.

Frohen Mutes und guter Dinge starteten wir in den Tag hinein. Heute hatten wir ein prall gefühltes Programm, denn die Abstände zwischen den einzelnen Schleusen wurden merklich dichter, im Schnitt erwartete uns Heute nach jedem Kilometer eine Schleuse. Der etwas mürrische dreinblickende Schleusenwärter von der letzten Schleuse am Vortag begleitete uns Heute mit dem Mofa und hatte deutlich bessere Laune als Gestern, das lag aber bestimmt nicht nur am Sonnenschein. Aber wer weis das schon, was er gestern nach seinem Feierabend mit unserem Trinkgeld noch angestellt hatte.

Wir waren die Einzigen, die sich am heutigen Morgen mit ihrem Boot auf eine Abfahrt eingestellt hatten und so waren wir wieder alleine unterwegs auf dem Kanal, zumindest zu dieser frühen Stunde. Aber hatten wir etwas dagegen?

Dafür gab es keine Viertelstunde später etwas Aufregung an Bord, als uns nach einer Kanalkurve ein weiteres Prachtexemplar von einem Hotelschiff entgegenkam. Zum Glück befuhren wir nach der Kurve ein halbwegs gerades und einsehbares Kanalstück und wurden nicht in der Kurve von dem Koloss überrascht.

Und je näher der Kahn uns entgegenkam, umso schmaler wurde der Kanal……….

Das war nun Neuland für mich und mir war schon etwas unwohl bei der Sache. Solche Schiffe verkehrten nicht auf dem Canal du Midi, zumindest hatte ich das dort bisher noch nie erlebt. Eine Begegnung im engen Fahrwasser mit dem breiten und langen Schiff wollte ich nicht riskieren, da ich auch nicht merken konnte, das der Skipper Anstalten machte, etwas aus der Mitte zu gehen um uns etwas Platz zu lassen. Also wurde das Boot aufgestoppt und an Steuerbord Richtung Kanalwand und Ufer gelenkt, um das Schiff passieren zu lassen. Das war auch besser so, denn viel Platz war da nicht mehr zwischen den beiden Booten und der Sog von der Schraube bei Vorbeifahrt war schon gewaltig. Das Wasser hinter dem Hotelschiff war tiefbraun vom Schlick und vom Schlamm, den die Schraube aufwühlte und es schien im Kanal zu kochen, als uns das Schiff passierte und die Fahrt wiederaufnahm, zumindest das Wasser war entsprechend in Bewegung. Ich war schon froh, dass der Schiffer wenigsten die Fahrt verlangsamt hatte und uns so etwas entgegengekommen war.

Aber wir sind nicht versenkt worden, ist doch auch etwas.

Ich ließ das Hotelschiff erst ein kleines Stück Achteraus fahren, damit sich das Wasser wieder beruhigen konnte bevor ich die Ingrine wieder in den Kanal zurücklenkte. Eine ganze Weile fuhren wir noch in dem braunen und lehmig aufgewühlten Wasser, bevor der Kanal wieder seine ursprüngliche Farbe annahm.

Der Rest des Vormittages verlief zu unserem Glück unspektakulärer und wir konnten uns wieder ganz der Landschaft und deren ans uns vermittelten Eindrücken widmen. Die Mittagszeit kam näher und wir hielten langsam nach einem geeigneten Rastplatz Ausschau, aber die bisherigen möglichen Stellen entsprachen nicht unseren Erwartungen oder Vorstellungen. Das war auch gut so, den nur wenige Kilometer weiter wurden wir fündig. An einer kleinen Wiese mit Aussicht auf den Bois de Rapille mit seinen Steinbrüchen im Hintergrund wurde am Ufer am Rande einer schön und einladend aussehenden Wiese angelegt. Es erfolgte das bereits bekannte Prozedere mit den Erdnägeln und dem waghalsigen Sprung des Frosches über fünfundvierzig Zentimeter an Land, um dort die Festmacher zu übernehmen, deren Ende ich zuvor an Land geworfen hatte. Bei näherer Untersuchung nach unserer Ankunft entpuppte sich die Wiese als Picknickplatz mit einem Zugang vom Feldweg auf der anderen Seite der Wiese, den wir hier kurz vor Ravières zur Mittagszeit aber für uns alleine hatten. Angelockt von der schönen Idylle wurden Tisch und Stühle für das Mittagessen an Land gebracht und unter einen Baum in den Schatten gestellt.

Schnell wurden noch unsere Esssachen nach draußen auf den Tisch gebracht und schon konnte die Siesta beginnen.

Das Brot vom Vortag wurde zum Essen im Backofen aufgebacken und entspannt konnten wir im Schatten des Baumes auf der Wiese Land, Leute und unser Picknick genießen. Auf dem Treidelpfad am anderen Ufer kamen ab und zu ein paar Radfahrer vorbeigefahren, die uns freundlich zuwinkten. Einmal war ein Pärchen dabei, von dem er dann erstaunt ausrief: "schau mal, das sind ja Deutsche". Es wurde gegrüßt und gewunken, danach kehrte wieder Ruhe und Stille ein und es ging für uns weiter mit unserer anstrengenden Siesta.

Sommer, Sonne, frische Luft, Ruhe, Ferien. Hier hätte der Tag für uns ausklingen können.

„Schluss mit der Träumerei, es war 13^{00} durch, es geht weiter",

so der innere Antreiber in mir. Also wurden Tisch und Stühle wieder schön brav an Bord gebracht und verstaut und weiter ging unsere Fahrt. Der Platz hier hatte uns gefallen, hier hätten wir noch eine Weile zubringen können. Die weiten Blicke über die Felder, die in leichten Wölbungen bis zum Horizont vor uns lagen, begrenzt durch die dunkelgrünen Wälder am Rande weit im Hintergrund, eingerahmt vom blauen Himmel, das war schon einzigartig.

Der Motor wurde angelassen und die Erdnägel eingeholt. Der Frosch krabbelte an Bord und die Weiterfahrt begann. Noch immer waren wir scheinbar alleine im Kanal unterwegs, kein Boot kam uns entgegen oder holte zu uns auf. Uns konnte das nur Recht sein. Mittlerweile hatte sich mein Sohn Pascal telefonisch bei uns gemeldet. Am heutigen Abend kommt er nach Frankreich um mit mir das Umplatzieren mit dem Auto zu organisieren, wie zuvor auf Seite 63 bereits erwähnt wurde. Zugleich brachte er im Auto auch meine

Mutter mit zum Boot, die uns dann den Rest der Reise begleiten wollte. Als Treffpunkt wurde die Stadt Montbard vereinbart, da dieser Ort laut Kanalführer über zwei gut ausgebaute Haltepunkte im Zentrum verfügt und in einem der beiden Häfen würden wir mit Sicherheit einen Liegeplatz finden. Damit war unser Tagesziel für den heutigen Tag gesteckt, das gar nicht mehr soweit vor uns am Kanal lag und auf uns wartete.

Nach dem Essen und der Meldung von Pascal ging es für den Nachmittag geruhsam weiter Richtung der Wälder, die wir vorhin bei unserem Picknick am Horizont ausmachen konnten. Wir näherten uns auf dem Kanal der Felswand mit den Steinbrüchen und den Klippen, die wir zur Mittagszeit bereits bewundern konnten. Teilweise verlief der Kanal hier am Rande des Waldes ziemlich dicht unterhalb der Felsklippen vorbei. Helga schaute stets an den Felsen hoch, ob da nicht doch etwas von Oben herunterkommen konnte.

Wenn ja, dann hätte sie es nicht mehr gemerkt.

Wir erreichten Montbard am frühen Nachmittag und ließen den neu aussehenden Hafen zuerst links liegen, wo er sich auch befand und passierten die Schleuse im Zentrum, um dort gegenüber vom Stadtzentrum in der Nähe eines alten Lagerhauses am Kanal anzulegen. Am Nachmittag wollten wir in den größeren Einkaufstempel auf der anderen Uferseite gehen, den wir zuvor gesehen hatten, um die Vorräte aufzustocken und für Pascal etwas zum Abendessen zu holen. Bisher waren wir an Bord immer für zwei Personen zum Essen am Tisch eingerichtet, heute Abend sollten wir zu viert sein, da brauchten wir etwas mehr für auf die Teller.

An Bord der Ingrine wurde nach der Einkaufstour die hintere Kabine umgeräumt. Bisher waren wir froh um den zusätzlichen Platz an Bord gewesen, man konnte mal eben etwas darin abstellen und die Türe schließen, Punkt. Jetzt wurde das Bett frei geräumt und der gesamte Kram in andere Fächer und Stauklappen verstaut, so entstand langsam aus dem Kellerraum ein gemütliches Zimmer, die Gäste konnten kommen.

Die Klappfahrräder wurden oben auf das Dach der Ingrine verbracht und dort an den Handläufen mit jeweils einem Fahrradschloss gesichert.
Auch die Getränkekühlbox fand ihren neuen Platz im Salon neben dem Geschirrschrank und wurde anschließend aufgefüllt.
Aber nicht nur mit Wasser, versteht sich.

Ich hatte nun Gelegenheit mich mit den weiteren Abläufen am nächsten Tag zu beschäftigen und plante durch, wo mein Auto am Besten abgestellt werden sollte. Überschlagsmäßig kam ich zu dem Entschluss, wir würden in den verbleibenden Tagen unserer Fahrt Dijon locker mit dem Boot erreichen und so wurde das Ziel Dijon gesetzt, das wir mit einem guten halben Tag Polster sicher erreichen sollten.

Somit war auch das geklärt und das Warten auf die Ankunft von Pascal konnte beginnen.

Der Frosch trabte am frühen Abend noch einmal ins Dorf um frisches Brot zu besorgen und ich bewachte derweil Boot und Weinkanister.

Das erste Mal Gäste an Bord

Nach dem letzten Telefonat am Nachmittag erwarteten wir die Ankunft unserer beiden Gäste nach 20°°, aber das Eintreffen der Beiden verzögerte sich immer mehr. Ich machte mich nach 21°° zu Fuß in den Ort auf, um mich an den Straßenkreuzungen etwas umzusehen, vielleicht findet Pascal den Haltepunkt in der Stadt nicht. Mir war ja auch nicht bekannt, wie gut die Zufahrt zum Kanal oder dem Hafenplatz im Ort ausgeschildert war und von welcher Seite aus Pascal mit dem Auto ankommen würde.

Dann endlich, kurz nach 22°° und auf meiner zweiten Runde, kam der kleine weiße Smart über eine Brücke über den Kanal gefahren und brachte auch tatsächlich Pascals Oma mit, somit war nun auch die Spüle in der Kombüse besetzt.
Ich erklärte Pascal die Anfahrt zum Bootsliegeplatz und machte mich per Pedes auf den Rückweg zum Boot. Dort wurde Pascals Handgepäck und der Koffer meiner Mutter an Bord der Ingrine gebracht.
Helga hatte in der Zwischenzeit wie vorher abgesprochen das Essen zubereitet und so konnten wir kurz nach der Ankunft unserer Gäste bei uns an Bord zumindest zeitnah Essen.
Nach dem oder besser gesagt beim Essen wurde viel erzählt. So wurde dann auch die Verspätung der Beiden erklärt. Pascal hatte bei der Anfahrt in Frankreich Probleme mit dem Tanken, da die Automaten an den Tankstellen keine EC Karten annahmen und auf dem Land am Abend keine Tankstellen mehr besetzt waren. Es gab nur diese Selbstbedienungssäulen als Tankmöglichkeit, sonst nichts. So blieb ihm nichts Anderes übrig, als auf ein anderes Auto zu warten und mit dem anderen Autofahrer das Problem zu lösen. Er betankte nach Schilderung der Lage mit dessen Carte Bleu den Smart auf und gab dem Fahrer dann den getankten Betrag in bar.

Das Boot wurde nach dem Essen von den Neuankömmlingen besichtigt, alles wurde genauestens unter die Lupe genommen und dann nach dem vielen Erzählen gingen irgendwann gegen 2:40 an Bord die Lichter aus.

Und am nächsten Morgen gingen sie bereits um 8°° wieder an, da wir ein enges Programm auf dem Plan stehen hatten. Die Nacht war recht ruhig verlaufen und im Boot war es am Morgen mollig warm. Es kamen von den Gästen keine Beschwerden auf, ich hatte aber auch noch kein Beschwerdebuch besorgt.

Nach dem Frühstück ging es mit dem Auto zuerst einmal zum Einkaufszentrum um dort aufzutanken. Anschließend fuhr Pascal mit mir im Auto zurück nach Saint Florentin am oberen Ende des Canal de Bourgogne, um dort meinen abgestellten Wagen abzuholen. Gemeinsam ging es dann mit den beiden Autos über Landstraße nach Dijon und dort am Stadthafen nahe am Zentrum wurde dann mein Auto abgestellt. Dort wollten wir dann in ein paar Tagen bei Erreichen von Dijon mit dem Boot das Auto dort vorfinden, so der Plan.
Nach dem Abstellen meines Autos in Dijon ging es direkt wieder zurück zum Boot nach Montbard. In der Zwischenzeit waren die beiden Damen dort noch einmal zum Einkaufen in der Stadt gewesen, um dort noch fehlende diverse Kleinigkeiten zu besorgen.

Am Mittag gab es noch eine Kleinigkeit zu Essen für uns, danach trennten sich unsere Wege wieder. Pascal fuhr nach dem Essen zurück nach Deutschland und für uns sollte es mit der Ingrine weiter in Richtung Scheitelhaltung gehen, diesmal mit einem Passagier mehr an Bord, Premiere. An Bord wurde alles für die Weiterfahrt hergerichtet und der Motor wurde wieder angeworfen. Die an zwei Eisenringen am Ufer vertäuten Festmacher des Bootes wurden gelöst und ich betätigte das Ruder und den Gashebel, die Ingrine legte ab. Behutsam wurde die Weiterfahrt aufgenommen und nach drei Kilometern ging es an die erste Schleuse. Da wir ab nun einen Beobachter an Bord hatten, durfte uns ab hier bei den Schleusenmanövern kein Fehler mehr unterlaufen. Alles musste von nun an perfekt ablaufen, ansonsten landet der Frosch im Wasser. Die Fahrt wurde verringert und das Ufer angepeilt. Dort wurde der Frosch an Land abgesetzt und ich zog das Boot zurück in die Mitte des Kanals. Helga watschelte hoch zur Schleuse und half dem Schleusenwärter beim Öffnen der Tore, nachdem der Wasserstand angeglichen war. Jetzt lag es an mir, die Ingrine ohne Anzurumsen in die Kammer zu manövrieren, was natürlich gelang. Dort wurde an der Mauer aufgestoppt und ich begab mich an Deck. Die Festmacher wurden hoch auf die Mauer zum wartenden Frosch geworfen, die einen davon um den Poller legte und zu mir zurückwarf, den anderen legte sie vorne um den Poller und hielt diesen dann selber fest. Die Tore wurden geschlossen und aufwärts ging es mit uns.

„Immer schön die Festmacher verholen, nur nicht mit dem Boot in der Schleuse herumeiern", so meine Ansprache.

Der Frosch gab sich Mühe und wir kamen mit dem Boot oben in der Kammer an, ohne dass der Eclusier Erinnerungsfotos von uns machen wollte. Über den professionellen Ablauf an der Schleuse waren wir zufrieden und ich beschloss, zur Belohnung sollte es beim Abendessen einen Nachtisch für den Frosch geben.
Die nächsten Schleusen kamen nun in einem dichteren Abstand, aber wir konnten den Erfolg von vorhin wiederholen, dennoch wurde die Portion Nachtisch nicht erhöht.

Wir wollen es ja auch nicht übertreiben.

Allerdings verließ uns später am Nachmittag das Wetterglück auf unserer Weiterfahrt und so kam auch irgendwann der Scheibenwischer zu seinem ersten Einsatz. So ein Pech aber auch, war doch bisher heute alles so gut gelaufen. Die Schleusenmanöver waren von hier ab nicht mehr so angenehm für uns. Besonders Helga bekam ihre Dusche ab, da sie länger draußen im Nieselregen unterwegs war. Aber laut ihrer Aussage machte es ihr nichts aus, wir sollten nur dafür sorgen, dass immer genug warmes Wasser für ihren Tee vorhanden war, dann könnte sie sich zwischendurch daran immer wieder aufwärmen.

Der nächste Halt an diesem Tag wurde dann vor Venarey les Laumes an der Basis von Nichols gemacht, wo wir dann auch für die Nacht blieben. Hier wollte ich ursprünglich versuchen die Ingrine an der Basis aufzutanken, aber nach der Saison schien die Basis bereits geschlossen zu sein, hier war keine Menschenseele zu sehen, alles sah verlassen aus. Da wir hier den letzten Halt vor den Schleusenketten von Pouillenay, Chassey und Marigny hatten, beschlossen wir gleich hier zu bleiben. Der Frosch ging unter die warme Dusche und konnte sich so wieder ausreichend aufwärmen.

Mistwetter.

Den ganzen restlichen Abend und die ganze Nacht war es nur so am Regnen, mal leicht, mal kräftiger, mal kaum zu merken, selbst unser allabendlicher Spaziergang viel hier buchstäblich ins Wasser. In der Ingrine war es Dank der Dieselheizung kuschelig warm und trocken, nichts fühlte sich klamm an, obwohl die ganzen Scheibenfronten nur so vom Kondenswasser überzogen waren. Ich füllte am Abend mein Glas mit Rotwein und erhob es zum Hoch auf den Erfinder der Dieselheizung.

Man hörte es an allen Ecken und Enden nur so tröpfeln, vom Dach des Bootes auf das Deck, von den Haltegriffen auf das Deck, vom Deck ins Wasser, von den Festmachern ins Wasser. Man sollte meinen, irgendwann sei die Ingrine vom Regen voll Wasser vollgelaufen, aber jeder manuelle Testlauf der Bilgenpumpe brachte das

Ergebnis, das kein Wasser in der Bilge stand. Das brachte uns wenigstens die Erkenntnis und die Gewissheit, die Ingrine ist dicht.

Am nächsten Morgen waren wir wie an den bisherigen Tagen unserer Reise für 9°° an Schleuse Fünfundfünfzig angemeldet und damit an der Schleusenkette drei vor dem Scheitelpunkt, für uns die erste Schleusenkette auf dieser Tour.
In einer Schleusenkette sind die Abstände der einzelnen Schleusen so dicht, dass in den Haltungen dazwischen nicht angelegt oder die Fahrt unterbrochen werden darf. Für diese Schleusenkette bedeutete das zum Beispiel es kamen achtzehn Schleusen auf den nächsten sechs Kilometern.

Hinein und durch.

Der heutige Tag brachte uns wettermäßig auch keine Besserung zum Regentag am Vortag, aber es musste irgendwie gehen. Als zweites Boot sind wir um 8:50 hinter einem Engländer in die erste Schleuse der Kette eingefahren und hatten uns dann mit dem anderen Bootsführer schnell auf einen Ablauf verständigt und eingespielt. Er fuhr zuerst in die Schleuse ein und kletterte über eine Haushaltsleiter, die er an Bord mitführte, auf sein Bootsdach und von dort rüber auf die Schleusenmauer. Er belegte dort seine Taue und nahm dann unsere Festmacher an und half dann den Schleusenwärter beim Schließen der Tore, die am Canal de Bourgogne fast alle manuell bedient werden. Nach dem Hochschleusen half ich beim Öffnen der Tore für die Ausfahrt, der Schleusenwärter musste so nicht um die ganze Schleuse herumlaufen, um die Tore zu öffnen oder zu schließen. Der Engländer konnte in der Zwischenzeit seinen Motor starten, wobei er eine besondere Technik anwenden musste, sein Anlasser war nicht mehr in Ordnung.

Der Ablauf an der Schleuse hatte sich sehr schnell eingespielt und so kamen wir sehr gut voran. Auf diese Weise wurden die nachkommenden Schleusen dann bei kaltem Nieselregen bewältigt.

Wir hatten uns zwar für die Schleusenmanöver wärmende Wetterkleidung angezogen, aber es wurde trotzdem etwas ungemütlich. Zum Glück funktionierte die Dieselheizung an Bord recht gut, die wir Tage zuvor ohne Schwierigkeiten in Betrieb nehmen konnten.

Wenigstens konnte man sich so nach dem Schleusenvorgang im Boot wieder etwas aufwärmen, eine Erkältung hat man sich schnell eingefangen.

Der Engländer hingegen krabbelte den ganzen Tag in kurzen Bermudashorts und halbärmeliger Weste mit Schlapphut bedeckelt an der Schleusenwand hoch und runter. Wir vermuten, dass es am Abend der Tagesetappe seine Knie und Beine vom Herumgerutsche auf den Schleusensteinen aufgescheuert haben müsste, aber er zeigte keinerlei Schwächespuren.

Crazy People.

Gegen 17^{00} gab es dann vor Marigny-le-Cahouet eine Zwangspause, die Schleuse streikte. Bis hierhin hatten wir es heute noch geschafft, aber nun war Schluss. Der Regen wurde stärker und der Schleusenwärter hatte auch keinen Bock mehr. Also wurde hier nach Rücksprache mit dem Engländer und dem Schleusenwärter einvernehmlich der Tag beendet und das Boot für die Nacht ans Ufer gelegt, obwohl wir innerhalb der nächsten Schleusenkette waren und somit ein Stopp hier eigentlich nicht erlaubt war. Aber wenn VnF sagt hier ist Schluss, dann war dem so.
Alles in allem hatten wir heute bei dem Mistwetter achtundzwanzig Schleusen auf einer Strecke von zehn Kilometern passiert, wirklich ein toller Schnitt.

Aber der vorzeitige Stopp hatte auch seine gute Seite, auf diese Weise konnten wir uns auch wieder so richtig aufwärmen. Das Herumlaufen draußen im Regen war trotz der Regenkleidung kein Vergnügen mehr geworden. Die Luft war nicht besonders kalt, aber die Nässe brachte den Ausschlag. Im Boot wurde es durch das Zuhalten der Eingangstüre auch schnell warm, da nicht immer und immer wieder die Türe geöffnet wurde. Zeitgleich stieg aber auch die Luftfeuchtigkeit im Boot rapide an, was man wieder an dem Kondenswasser an den Scheiben feststellen konnte, überall lief das Wasser herunter und verursachte kleine Pfützen unterhalb der Fenster, die wir dort nun mit Handtüchern auffangen mussten. Die nasse Regenkleidung wurde zum Trocknen in die hintere Dusche gehängt, vorne hing der Frosch unter der warmen Dusche und hatte so nichts zum Quaken.

Durch das spätere Kochen des Abendessens auf dem Gasherd kam dann noch einmal etwas mehr Luftfeuchtigkeit dazu, es half aber leider alles nichts und musste so hingenommen werden. Nach dem Abendessen folgte dann unser Nachtprogramm, da der Landgang wegen anhaltender konzentrierter Luftfeuchtigkeit von Oben erneut ausfallen musste.

Zuckerpüppchen.

Am nächsten Morgen war für uns um 6:30 die Nacht zu Ende, wir wurden durch meine Mutter geweckt. Die Heizung sprang nicht mehr an. Der Bedienschalter für die Dieselheizung war in der hinteren Kabine am Nachttischschrank angebracht und meine Mutter hatte die Order bekommen, die Heizung morgens einzuschalten, wenn sie wach wurde. In der Nacht hatte bisher niemand gefroren, aber am Morgen war es doch etwas frisch an Bord, daher sollte morgens die Heizung gestartet werden, bis wir durch das Aufbacken von Brot und vom Kaffeekochen ausreichend Wärme im Dampfer hatten.

Gesagt, getan, es passierte aber nichts, die Batterien waren leer.

Durch die vielen kurzen Etappen von Schleuse zu Schleuse am Vortag konnten sich die Batterien nicht ausreichend aufladen und sie versagten nun ihren den Dienst. Also blieb uns nichts Anderes übrig und ich musste mitten in der Nacht aus den Federn. Zum Glück lagen wir ziemlich abseits und alleine und ich konnte den Motor starten, um wieder Strom ins Bordnetz zu bekommen, ohne einen Bootsnachbarn zu stören. Kurz nach dem Motorstart konnte ich die Heizung wieder in Betrieb nehmen und es dauerte nicht lange, bis die Wärme in das Boot zurückkehrte.

Jetzt waren wir ehe alle wach und konnten auch direkt in den Tag starten. Also hieß es raus aus den Federn für den Rest der Mannschaft und Frühstück bereiten. Durch das Kaffeekochen und Brotaufbacken gab es zusätzliche Wärme im Boot und es wurde so rasch warm im Dampfer. Es dauerte nicht lange und es war wieder angenehm kuschelig im Salon.

Vor der Abfahrt am Morgen wurde der Ablauf am heutigen Tag besprochen. Auf dem letzten Teilstück in der Bergstrecke ging es hoch zum Scheitelpunkt des Canal de Bourgogne und nach Pouilly-en-Auxois, etwa dreißig Kilometer Fahrt und sechsundzwanzig Schleusen lagen auf der heutigen Strecke vor uns. Ein Ziel, das wir an diesem Tag auf jeden Fall schaffen und erreichen wollten.

Der Engländer, der am Vortag mit uns gefahren war, blieb hier am Haltepunkt liegen und wir machten uns alleine auf die Tagesetappe. Vielleicht lag er ja mit einer Grippe im Bett, genauer in der Koje, wie man auf einem Boot sagt.
Der Himmel war Wolkenverhangen, aber es war zumindest nicht am Regnen und es war nicht sehr kalt draußen. So wie es aber aussah konnte sich das Wetter am Tag aber schnell verschlechtern, wir waren da auf alles gefasst.
Damit uns das Drama mit den leeren Batterien heute nicht erneut passierte wurde von nun an bei den kurzen Abständen zwischen den Schleusen in den Schleusen der Motor nicht mehr abgeschaltet. Bisher war unser Dieselverbrauch auf der Fahrt sehr gering gewe-

sen, von nun an wird sich der Verbrauch durch das Durchlaufen des Motors vermutlich steigern. In den letzten Tagen hatte ich mehrfach den Tankinhalt kontrolliert, da wir an den in dem Kanalführer gekennzeichneten Stellen keine Betankungsmöglichkeit gefunden hatten und ich bereits etwas besorgt war, dass wir irgendwann mit leeren Tank am Ufer strandeten.

Nicht auszudenken.

Zur Mittagspause wurde die Ingrine, so wie an den vorangegangenen Tagen bereits mehrfach zuvor erprobt, am Rande des Treidelpfades mit den Erdnägeln ans Ufer gelegt, die Pause hatten wir auch nötig. Auf den ersten fünf Kilometern kamen alleine zwölf Schleusen. Das hatte aber auch sein Gutes. Die Manöver bei der Anfahrt und in der Schleuse gelangen mittlerweile so routiniert, als ob wir niemals je zuvor etwas Anderes gemacht hätten.

Das erfüllte uns natürlich auch mit Stolz und im goldenen Bordbuch wurde ein lobender Eintrag hinterlassen. Helga bewegte sich auch immer lockerer und sicherer an Deck, nur das mit dem an Land springen muss sie noch üben.

Etwas mehr Frosch wäre da nicht schlecht.

Die Eisenbahnstrecke, die bisher parallel zum Kanal verlief und uns in den Tagen zuvor ein langes Stück unseres Weges begleitet hatte, war unbemerkt im Hintergrund verschwunden. Dafür kam ab Creusot die Autobahn A 6 hinzu.

Kein guter Tausch.

Die Autoroute du Soleil, die von Dijon über Lyon und dem Rhonetal ans Mittelmeer führt, kam immer näher an den Kanal heran, und ab Beurizot wurde es dann auch lauter. Der Verlauf des

Canal de Bourgogne führte ab hier unmittelbar neben der Autobahn her, und das mit nur kleinen Lücken auf einer Strecke für die nächsten dreißig Kilometer.

Eine schöne Aussicht.

Zumindest für die Autofahrer auf der Autoroute, die hier einen Ausblick auf den Canal de Bourgogne und ein dort einsam fahrendes Boot genießen konnten.
Wir kamen an diesem Nachmittag gut voran, da die Kanalabschnitte zwischen den nun folgenden einzelnen Schleusen etwa zwei bis drei Kilometer betrugen. Bei Beurizot waren es sogar zehneinhalb Kilometer zwischen den Schleusen, also eine gute Stunde Nichtstun für Helga, die sich mit Kaffeepott und Glimmstängel anderweitig beschäftigte. Vor dem Tagesziel wurde es aber zum Schluss noch einmal richtig stressig, die letzten zwölf Schleusen auf der Bergstrecke, die dicht auf dicht folgten, mussten gemeistert werden.

Die allerletzte Schleuse vor dem Hafenbecken von Pouilly-en-Auxois war eine Kontrollschleuse und es erfolgte dort wieder das Prozedere mit der Registrierung des Bootes. Der Bootsname wurde abgefragt und von wo und wohin, blablabla.

Hier wurde nun auch zum ersten Mal auf der gesamten zuvor gefahrenen Strecke von einhundertfünfundfünfzig Kilometern die Sicherheitsausrüstung des Bootes kontrolliert, ein besonderes Augenmerk lag dabei auf der Anzahl und der richtigen Größe der Rettungswesten. Die Kontrolle der Sicherheitsausrüstung diente auch dazu, dass wir am nächsten Morgen die Passage durch den Tunnel genehmigt bekamen.

Und dann war es soweit. Um 17:40 konnten wir nach den heutigen dreißig Kilometern und den letzten sechsundzwanzig Schleusen auf der Bergstrecke des Canal de Bourgogne in den Hafen von

Pouilly-en-Auxois einfahren und die Ingrine an einen Liegeplatz an der Ufermauer im Hafenbecken anlegen und dort den Motor abstellen. Petrus belohnte uns für die bisherige Fahrleistung durch den Canal de Bourgogne bis hierher zum Anlegen in Pouilly-en-Auxois Passenderweise mit einem blauen Himmel und mit Sonnenschein. Ich bestand auf dem mir gewerkschaftlich zustehendem Ankerbier in Form eines Glases Rotweines und lehnte mich in meinem Steuerstuhl in die Lehne zurück.

Geschafft.

Bis hierhin waren wir immerhin gekommen. Und von nun an ging es bergab. Mit dem Boot Richtung Saône meine ich natürlich.

Wir mussten nun noch gemäß der Information, die wir in der letzten Schleuse vom Eclusier erhalten hatten, im Hafenamt vorstellig werden um die Passage von dem fast dreieinhalb Kilometer langen Kanaltunnel anzumelden, was wir noch umgehend erledigen wollten, bevor das Büro dort schließen würde.
Also wurde für den Landgang schnell Papiere und Geldbörse geschnappt und ab ging es in das Hafenbüro, während meine Mutter das Schiff hütete. Im Hafenbüro erfolgte die Anmeldung für die Tunnelpassage am nächsten Morgen, zu der wir vorher noch einmal im Büro vorbeikommen mussten. Es wurden ebenfalls noch drei Euro für den Liegeplatz samt Wasser und Stromanschluss im Hafen berechnet und von mir bezahlt und zurück am Boot wurde als erstes sofort der Wassertank aufgefüllt. Uns war unklar, welchen Füllstand wir noch im Wassertank hatten, eine Füllstandsanzeige wäre da nicht schlecht und mit Sicherheit hilfreich. Das war wieder ein Punkt mehr auf meiner Liste für Verbesserungen am Boot, die ich in den nächsten Monaten vornehmen wollte.

Der Himmel war immer noch sehr durchwachsen, dicke Wolkenformationen trieben über das Firmament, aber es blieb für den überwiegenden Teil trocken. Immer wieder kamen sonnige Abschnitte zwischen den Wolken hervor, die kurz darauf von Wolkenschatten abgewechselt wurden. Das Wasser war aufgefüllt worden und der Wassertank war wieder voll.

In der Zwischenzeit, während das Wasser durch den Schlauch rauschte, hatten wir uns für einen Landgang in Schale geworfen und verließen nun das abgeschlossene Boot für eine Erkundung der Ausstellung zur Tunnelanlage.

Somit konnten wir unseren Stopp auch für eine gründliche Besichtigung des alten Elektroschleppers nutzen, der hier im Tunnel von Pouilly-en-Auxois von 1893 bis 1987 im Einsatz war, um die Lastkähne durch den Tunnel zu schleppen. Er war hier in einer imposanten kleinen Halle ausgestellt und konnte dort kostenlos besichtigt werden. Die Strebenkonstruktion der Halle war aus Pappröhren angefertigt, die mit klarsichtigem Plexiglas von Außen verkleidet war.

Früher lag im Tunnel eine schwere Kette im Wasser, an der sich der Elektroschlepper durchzog, wie wir ebenfalls an der Informationstafel lesen konnten.

Gegenüber vom Hafenbecken fanden wir noch einen ATAC Supermarkt, den wir dann auch noch besichtigten, gegen Eintritt, versteht sich. Den wollten die dort aber erst nach der Besichtigung vor dem Verlassen des Supermarktes.

Nur die Schlepperei von dem Kram zurück zum Boot war etwas unangenehm, da muss noch dringend eine andere Lösung her oder der Frosch muss demnächst öfters gehen.

Das am Abend folgende Essen schmeckte Heute besonders gut, das lag neben den außerordentlichen Qualitäten des Koches aber vermutlich auch an der erfolgreichen Erklimmung des Kanals bis hier oben hin, dreihundert Meter über dem Pegel von Migennes, unseres Abfahrtortes vor einigen Tagen.

Der nächste Morgen bescherte uns ein zeitiges Aufstehen und ein schnell darauffolgendes Frühstück. Die Heizung machte an diesem Morgen keine Probleme und es hatte am Vortag zum Glück aufgehört zu Regnen.
Während sich der Kaffee durch die Filtertüte quälte erging eine Glückwunsch-SMS nach Deutschland, da mein Sohn Pascal heute seinen dreißigsten Geburtstag hatte.
Nach dem zeitigen Frühstück mussten wir dann zum Briefing ins VnF-Büro für die Tunneldurchfahrt, zudem wir um 9°° einbestellt worden waren. Das war unser erster vorgegebener Termin auf unserer Reise, bisher hatten wir unseren Zeitplan selber festgelegt.
Im VnF-Büro wurde uns der Ablauf der Tunnelpassage erklärt und uns ein Handzettel in deutscher Sprache darüber ausgehändigt. Dann wurden uns die eigentlichen Sicherheitsregeln für die Durchfahrt im Tunnel genauestens erklärt, wir bekamen den Passierschein für die Tunneldurchfahrt und ein Funkgerät für den Notfall ausgehändigt, was wir auch alles quittieren mussten. Das Funkgerät wurde auf den richtigen Funkkanal eingestellt und die Funktion kontrolliert und dann konnte es für uns losgehen.
Wir hatten Glück mit unserer Durchfahrt, lediglich ein alter holländischer Kahn, der bei unserer Ankunft in Pouilly bereits im Hafen lag, wollte mit uns im Konvoi durch den Tunnel gehen.

Das war uns auch recht so.

Wir verabschiedeten uns im Büro und sind den kurzen Weg zurück zum Boot gegangen. Dort an Bord angekommen machten wir uns dann alle startklar. Die bereitgelegten Schwimmwesten wurden angelegt, da die Vorschriften dies ausdrücklich vorsahen.
Plötzlich gab es einen lauten Knall wie beim Abschuss einer Kanonenkugel, wir hatten uns im ersten Moment auch etwas erschrocken. Kurz darauf ertönte ein langsames Tuck---- Tuck----Tuck, deren Abfolge immer dichter wurde. Durch die kürzer werdenden

Abstände des Tuckerns veränderte sich das Geräusch zu einem Motorengebrumme, es lief ein Motor an.

Die Erklärung für den Knall war laut und einfach.

Der Holländer hatte seinen alten Motor „angeschossen". Eine uralte Technik, die es früher auch bei Flugzeugmotoren gab. Dabei wurde eine Zündpatrone in den Zylinder des Motors geschossen, um damit den Kolben nach unten und den Motor in Drehbewegung zu versetzen.
Neben dem gewaltigen Krach gab der Motor des Holländers auch eine riesige Qualmwolke von sich, die sich im Moment, da es fast Windstill war, nur sehr langsam verzog.

Schöne Aussichten für uns im Tunnel, wenn das Gequalme so bleibt und wir hinter dem Holländer herfahren.

Unsere Ingrine sprang im Vergleich zu dem Motor des Holländers fast Rauch- und Geräuschlos an. Die Lichter wurden gesetzt, was ebenfalls vorgeschrieben war, und dann erfolgte das Kommando Leinen los und auf ging es dem blauen Ungetüm hinterher, das sich bereits auf den Weg gemacht hatte. Hoffentlich konnte ich mit dem Kahn mithalten, war meine erste Befürchtung. Aber die Gedanken dazu waren vollkommen umsonst, wie sich bald herausstellte. Der Holländer schlich sehr langsam vor uns in die Zufahrt zum Tunnel und hielt auch keine saubere Linie im Fahrwasser. Sein Manövrieren wirkte auf mich sehr unsicher.
Ein kleines Stück ging es für uns erst aus dem Hafenbecken heraus, dann folgte eine leichte Kanalbiegung, deren Böschung zum Wasser dann immer höher wurde und in drei bis vierhundert Metern in ein kleines gemauertes Loch mündete, die Einfahrt in den Tunnel von Pouilly-en-Auxois.

Da sollen wir hineinfahren und durchpassen??

Das dunkle Loch kam immer näher und näher und wurde zeitgleich größer und größer, bis das es hoch über uns herausragte und uns dann ohne weitere Vorwarnung in sich verschlang.

Wir waren im Tunnel.

Die erwartete Dunkelheit blieb aus, der Tunnel war recht gut beleuchtet, was man von draußen durch das Tageslicht nicht so erkennen konnte. In weiten Abständen waren an der Decke Lüfter angebracht, die bei Annäherung entweder automatisch ansprangen oder durch den Kontrollposten bedient wurden und einen ordentlichen Lärm in der Tunnelröhre verursachten, aber auch einen deutlich spürbaren Luftzug.

Ich lief mit der Ingrine immer wieder auf den Holländer auf und hatte große Mühe, Abstand zu dem Kahn zu halten, der noch immer qualmte wie ein alter brennender Autoreifen, zumindest kam es uns so vor. Im Bereich des nächsten Lüfters nahm ich Fahrt heraus und ließ ich mich mit dem Boot zurückfallen und hatte so den Abstand zu dem vorausfahrenden Stinker vergrößert. Ich ließ ihn gut zweihundert Meter vorlaufen bevor ich wieder Gas gab. Langsam ging es weiter in der engen Röhre. Durch Tafeln mit Meterangaben an der Tunnelwand bekam man einen Überblick darüber, wie weit man bereits im Tunnel gekommen ist und wie weit es noch war, bei drei Kilometern Tunnelfahrt eine gute Hilfe.
Neben den Lüftern an der Decke waren dort auch in Abständen Kameras angebracht, um das Geschehen im Tunnel zu verfolgen. Der Tunnel selber verfügte über keinen Treidelpfad, auf dem man zur Not zu Fuß aus der Röhre laufen konnte, wie ich es von anderen Tunnelröhren, zum Beispiel am Canal du Midi, her kannte.

So krochen wir durch Zeit und Raum dem lahmen Holländer hinterher. Nach knapp einer Woche zeichnete sich langsam am anderen Ende ein kleiner Lichtfleck ab, es kam uns zumindest so lange vor. Und tatsächlich, helles Licht wurde sichtbar, die Ausfahrt am anderen Ende des Tunnels kam uns langsam entgegen.

Es war dann auch wie eine Erlösung für uns, als wir nach knapp einer Stunde Fahrt mit dem Boot durch den Torbogen der Ausfahrt in die Freiheit des weiten Himmels und an das Tageslicht zurückkehrten.

Sofort wurden die Fenster im Salon der Ingrine und die Eingangstüre weit geöffnet, um frische Luft ins Boot zu lassen. Den Geruch vom Qualm des Holländers spürten wir später noch tagelang in der Nase, es kam uns jedenfalls so vor. Die Positionslichter und der Bugscheinwerfer wurden gelöscht und es ging entlang der Kanalmauer aus dem Zufahrtsbereich des Tunnels in ein weites Wasserbecken, das früher wohl zum Wenden und Parken von Lastkähnen benutzt worden war.

Der Frosch Helga krabbelte erst einmal todesmutig mit einer Tasse Kaffee bewappnet nach vorne auf das Vorschiff und zündete sich dort eine Zigarette an, die sie erleichtert dem Reifen des Holländers hinterherschickte.
Helga hat eigentlich etwas Platzangst in engen Räumen oder in solchen Situationen, hatte aber die Aufgabe der Tunnelpassage gut gemeistert.

Langsam verschwand auch wieder die Stille von Bord, die einem im Tunnel in dem Boot umgeben hatte, der Mut kehrte zurück auf das Schiff und in die Münder der Besatzungsmitglieder.

Man kann nicht alles haben.

Leider.

Lebensretter im Einsatz

Der Holländer stand mittlerweile draußen seitwärts an seinem Steuerstand und zog genüsslich an seiner Pfeife, die er sich wohl aus Entzug vom fehlenden Tunnelqualm angesteckt hatte und die eine ähnlich dichte Rauchwolke wie alter sein Motor hinterließ. Scheinbar hatte ihm die verpestete Luft noch nicht gereicht.
Aber so sind sie nun, die Flachländler.

Der Holländer schaute sich links und rechts die Umgebung an und zeigte dann aufgeregt mit dem rasanten Tempo einer Burgunder Weinbergschnecke auf einen Punkt in Ufernähe im Wasser vor uns.

Da.

Ich hatte erst nicht begriffen, dass er mich meinte und was er eigentlich von mir wollte.

Aber dann sah ich die Ursache für die wilde Hektik des Holländers vor uns im Wasser treiben. Dort an der Böschungsmauer am Kanalrand, eine gute Bootslänge vor unserem Schiff, sah ich etwas im Wasser schwimmen. Ein braunes Fell, es sah aus wie das einer Wasserratte. So dachte ich auch zuerst. Beim näher kommen mit der Ingrine wurde aus der Ratte aber ein kleiner Hund, der wohl ins Wasser gefallen war und auf Grund der Steinmauern längsseits der Kanaleinfassung nicht mehr aus eigener Kraft aus dem Wasser kam und kurz vor dem Ertrinken war.
Er konnte kaum noch seinen Kopf aus dem Wasser halten. Die Kanalmauer war einfach zu hoch, um mit eigenem Bemühen aus dem Wasser zu kommen.

„Mann über Bord bzw. Hund im Wasser" kam das Kommando.

Die Ingrine wurde aufgestoppt und vorsichtig manövrierte ich das Boot in Ufernähe. Zum Glück war der Kanal hier am Rande ausreichend tief genug für unser Boot, wir haben mit fünfundachtzig Zentimetern nicht so viel Tiefgang.
Der erste Versuch, mit dem Bootshaken den Pechvogel im Wasser zu erwischen, war nicht erfolgreich. Der Hund trug zwar ein Halsband, aber man kam nicht mit dem Bootshaken darunter, um ihn auf diese Weise aus dem Kanal zu ziehen. Zudem schwamm der Hund nun von uns weg und versuchte erneut sich selber zu retten, als er merkte, meine ersten Versuche waren erfolglos. Nur noch die Schnauze und die Nasenlöcher des Hundes schauten zu diesem Zeitpunkt aus dem brackigen Kanalwasser heraus. Den Bootshaken nun wie ein Paddel benutzend dirigierte ich den Hund wieder näher an die Ingrine heran, damit überhaupt eine Chance bestände, den Hund irgendwie zu erwischen.
Aus dem Ende des hinteren Festmachers schlug ich eine Schlaufe und es gelang mir diese mit dem Bootshaken unter seinen Körper zu bekommen. So hatte ich den Hund erst einmal über Wasser halten können, da fast nur noch die Nasenlöcher aus der graubraunen Brühe herausschauten.
Mit der provisorischen Bergeschlaufe zog ich den Hund letztendlich näher ans Boot heran, legte mich flach auf das Deck und konnte gerade so mit einer Hand ein Stück seines Fells erwischen, um ihn auf diese Weise aus dem Wasser zu heben. Das war bestimmt nicht angenehm für den Hund, am Fell ziehend hochgehoben zu werden, aber eine andere Wahl gab es nicht.
Der Hund, ein kleiner Norfolk Terrier, stand wohl auch unter Schock und zitterte nur so vor Angst und Kälte. Er wurde erst einmal mit einem Badetuch von uns abgetrocknet und dann frottiert, um überhaupt etwas Wärme zurück in seinen kleinen Körper zu bekommen.

Voller Dank, so kam es uns jedenfalls vor, leckte er unsere Finger und Hände ab, mit denen wir ihn eigentlich frottierten wollten. Wir merkten dem Tier genau an, dass der Hund wusste, dass wir ihn gerade vor dem Ertrinken gerettet hatten. Der Hund ging uns nicht einen Schritt mehr von der Seite, so dankbar war er.
Ich gab dem Holländer auf seinem Kahn vor uns ein Handzeichen, das wir den Hund aus dem Wasser gezogen hatten und an Bord holen konnten und alles in Ordnung sei. Zu diesem Zeitpunkt waren wir der Auffassung, der Hund gehöre zu dem Holländer und sei ihm nach der Tunneldurchfahrt über Bord gefallen, dieser winkte aber ab und wollte von dem Tier nichts wissen.

De Hund war eben kein Matjes.

Jetzt war es an Helga sich im Salon vorerst mit dem Hund zu beschäftigen, da ich unsere Ingrine zurück auf ihren Kurs bringen musste. Das Boot war während der Rettungsaktion schräg bis an das Ufer getrieben und lag nun gute fünfzig Zentimeter von der Mauer entfernt still im Wasser, da der Kanal hier keine Strömung hatte. Mit einem starken Rückwärtsschub zog ich die Ingrine ausreichend weit in das Fahrwasser des Kanals zurück, um sie anschließend wieder auf ihren Kurs auszurichten und dann unsere Fahrt dem Holländer hinterher wiederaufzunehmen.
Helga hatte mittlerweile den Hund mit einem Bockwürstchen aus einem Glas unserer Notrationen aufgepäppelt, es ging ihm sichtlich wohler.
Nun, die Aktion war ja auch ein Notfall gewesen.

An der nächsten Schleuse wollten wir den Hund dann an die Schleusenwärterin abgeben, die dort bereits auf unseren kleinen Verband wartete, um dort die Funkgeräte zurückzunehmen und uns von dort an bei den nächsten nun folgenden Schleusen zu begleiten. Sie hatte unser Ausscheren hinter dem Holländer an das Ufer beobachtet, konnte sich aber aus der Entfernung keinen Reim auf unse-

ren Schlenker machen und hatte irgendein anderes Problem vermutet.
Ich erklärte ihr die Situation mit dem Hund aber sie fühlte sich nicht zuständig. Den Hund könnten wir auf gar keinem Fall hier an der Schleuse zurücklassen, hier an der Schleuse sei niemand, dass Schleusenwärterhaus sei nicht bewohnt.
Ich hatte Ihr dann den ganzen Vorfall noch einmal ausführlich geschildert, da ich etwas den Eindruck gewonnen hatte, sie hätte mir nur halb zugehört und sie wäre der Meinung, es sei unser Hund an Bord, der vorhin ins Wasser geplumpst war. Ich erzähle ihr erneut, dass wir vorhin den fremden Hund aus dem Wasser gezogen und vor dem Ertrinken gerettet hätten. Ich gab ihr auch deutlich zu verstehen, dass wir den Hund weder mitnehmen noch einfach irgendwo aussetzen konnten.
Jetzt hatte sie es richtig verstanden und wir einigten uns dann auf eine erstmalige Weiterfahrt mit dem Hund bei uns an Bord. Das Schleusen würde ab hier erst einmal von ihrem Sohn und einem Freund von ihm begleitet und sie wolle in der Zwischenzeit zurückfahren, um sich umzusehen und um etwas über den Hund in Erfahrung zu bringen.

Die Schleusenwärterin fuhr dann auf ihrem Mofa den Weg zurück zum Wendebecken am Tunnelausgang, wo wir den Hund aus dem Wasser gezogen hatten und konnte dort tatsächlich den Besitzer oder besser gesagt die Besitzerin des kleinen Hundes ausfindig machen.
An der nächsten Schleuse kam sie mit ihrem Mofa zu uns an das Boot vorgefahren und berichtete uns von ihrer erfolgreichen Suche. Die Besitzerin des Hundes, es handelte sich um eine ältere Dame die dort zum Spazieren unterwegs war, hatte sogar aus der Ferne gesehen, wie wir ein Tier aus dem Wasser gezogen hatten. Dabei hatte die Dame aber nicht bemerkt, dass es sich in diesem Falle um ihren eigenen kleinen Hund gehandelt hatte.

Sie hatte ihren kleinen Hund in dem Moment noch gar nicht richtig vermisst und war ungemein froh, dass uns die kleine Rettungsaktion geglückt war.

Der anschließend von ihr über die Schleusenwärterin an uns übermittelte Dank war riesengroß.

Die Schleusenwärterin stellte ihr Mofa ab und zog nun den Reißverschluss ihrer VnF-Jacke halb herunter. Dann ließ sie sich von mir den kleinen Hund geben und schwup ließ sie den Hund im Innern ihrer Jacke verschwinden, der keinerlei Anstalten machte, sich wegen der Situation zu beschweren.
Sie verschloss den Reißverschluss ihrer Jacke gerade soweit, dass der Hund noch eben mit dem Kopf oben aus der Jacke herausschauen konnte.

Sie begab sich wieder zu ihrem Mofa und fuhr mit dem Mofa und dem kleinen Hund in der Jacke zu der Dame den Weg zurück, um dort den Hund abzugeben.

So war dann alles gut ausgegangen und meine Mutter brauchte keine weiteren Gedanken an ein mögliches Mitbringsel aus Frankreich zu verlieren.

Den ganzen restlichen Tag und den Abend hatten wir immer wieder über den Vorfall mit dem Hund gesprochen, es hatte uns schon irgendwie berührt.

Olympische Schleusenmanöver

Für uns ging die Fahrt mit der Ingrine mit der beiden Jugendlichen Schleuse für Schleuse bergab weiter und wir hatten reichlich Spaß dabei. Es gab ja jetzt auch ein Novum für uns auf dieser Tour: Nach der Tunnelpassage mit der Scheitelhaltung als höchsten Punkt vom Canal de Bourgogne wird von nun an bergab in Richtung Saône geschleust.

Man fährt vom Oberwasser kommend in die Schleusenkammer ein und kann ebenerdig auf die Kammermauer der Schleuse steigen. Dort werden die Festmacher um die Poller gelegt. Bei der anschließenden Schleusung geht es bergab, sprich, der Wasserstand fällt und das Boot sink in die Schleusenkammer ab, man braucht im Prinzip nur die Leine nachgeben. Der Schleusenvorgang an sich geht dadurch einiges schneller und vor allem einfacher von statten.

Zumindest fühlt es sich so an.

Geübte Seeleute, so wie zum Beispiel der Steuermann der Ingrine, können auch direkt von Bord des Bootes aus den Festmacher über den Poller werfen und brauchen dafür das Boot nicht zu verlassen, auch wenn auch einmal ein zweiter Anlauf dafür nötig ist.

Manch Eine(r) übt dabei sogar für Olympia..............

Helga versuchte sich als Rookie an Bord ebenfalls damit, die Festmacher, so wie ich, gezielt und elegant von Bord aus über den Poller zu werfen, verfehlte aber das eine oder andere Mal dabei den Zielpunkt. Die Jungs halfen ihr dann meistens dabei dadurch, dass sie den Festmacher von der Kaimauer aufhoben und von Hand um den Poller legten.

In einer der passierten Schleusen standen die beiden Jungs allerdings vorne neben dem Boot und hatten ihren Spaß dabei zuzusehen, wie Helga immer und immer wieder den Poller verpasste und erneut versuchte, den Festmacher um den Poller zu werfen, da die beiden Jungs diesmal keine Anstalten machten ihr im Entferntesten zu helfen.

„Die übt wohl für Olympia" hatten sich die Beiden darüber untereinander amüsiert und trotzdem später jeweils eine Zigarette für jeden von sich beiden bei Helga erschnorren können. Der Spruch war ja auch nicht böse gemeint gewesen, wir hatten zusammen unseren Spaß an den Schleusen auf der Strecke.

Von diesem Tag an bekommt Helga zumindest bei jeder geeigneten Gelegenheit diesen schönen Spruch zu hören. Wenn sie zum Beispiel ein Tau wirft und ihr Ziel verpasst, empfehle ich ihr immer wieder das Werfen der Festmacher für Olympia zu üben.

Irgendwo in dem Bereich mussten wir uns dann aber von der jugendlichen Schleusencrew verabschieden und wurden an den nächsten Schleusenwärter weitergegeben. Wir verabschiedeten uns von den beiden Jungs und es gab zum Abschied noch eine Schachtel Zigaretten von Helga für die Beiden, die sich herzlich dafür bedankten und dann mit ihren Mofas wieder zurück Richtung Tunnel nach Pouilly düsten.
Für uns ging unsere Schiffsreise weiter und gemütlich tuckerten wir hinter dem Holländer, der uns noch immer vorausfuhr, Richtung Osten Schleuse für Schleuse und Kilometer für Kilometer dem Ende des Kanals und damit der Saône entgegen.

Pünktlich zur nahenden Mittagspause erreichten wir die Schleuse Vandenesse-en-Auxois und legten dort unterhalb der Schleuse 8 in einem kleinen Hafenbecken an.
Der Holländer kam zu uns herüber und gab uns zu verstehen, dass hier für ihn Heute die Fahrt beendet sei und verabschiedete sich mit einem Stoß aus seiner Pfeife bei uns und verschwand wieder im Inneren seiner Räucherkammer.
Der Schleusenwärter verabschiedete sich hier ebenfalls von uns, ab dem Nachmittag sei es ab hier wieder ein anderer Schleusenwärter, der uns begleiten sollte. Wir sprachen die Uhrzeit für die Weiterfahrt nach dem Essen mit dem Schleusenwärter ab und dann entschwand auch er aus unseren Blicken.
Für uns gab es nun unsere wohlverdiente Mittagspause, wir hatten heute ja auch bereits einen aufregenden Vormittag hinter uns gebracht. Fast vier Kilometer Tunnelfahrt hinter einer holländischen Rauchbombe, ein Rettungseinsatz mit dem Boot auf dem Wasser, sieben Schleusen und acht Kilometer Kanalstrecke konnten wir auf unserem heutigen Log bisher verbuchen.

Saône, wir kommen langsam näher.

Von unserem Platz im Hafen hatten wir beim Essen einen traumhaften Ausblick auf das Städtchen Châteauneuf mit seinem Schloss aus dem 15. Jahrhundert, das im Hintergrund auf einem kleinen Hügel thronte. Die Burg und der Aufweg dorthin, umrandet von kleinen grünen Hecken, gaben eine perfekte Kulisse für einen Märchenfilm ab. Hier fehlte nur noch der Prinz, der auf seinem schwarzen Hengst den Hügel hoch ritt um dort das Herz seiner angebeteten Dulchinea zu erobern, was ihm natürlich direkt im ersten Anlauf gelang.

Wir konnten uns gut vorstellen, hier eines unserer zukünftigen Reiseziele für eine unserer späteren Urlaustouren entdeckt zu haben, diesen Ort wollten wir uns zu einer anderen Gelegenheit auf jeden Fall genauer ansehen und wenn möglich auch das Schloss besichtigen.

Die ganze restliche Zeit der Pause hatten wir abwechselnd Wache gehalten und darauf gewartet, dass der edle Ritter mit seinem Pferd doch nun endlich den Berg erstürmt, um die Prinzessin aus ihrem Dornenverlies zu befreien.
Aber als nichts Derartiges geschah und da auch Derartiges nicht zu erwarten war, machten wir uns nach dem Mittagsstopp auf, um unsere nächste Etappe zu bewältigen.
Der Schleusenwärter kam auf seinem Mofa vorgefahren und es ging weiter. Der Holländer blieb wie angekündigt mit seinem Dampfer hier im Hafen liegen, wohl um das Chateau zu besichtigen oder um seinen Tabakvorrat aufzufüllen.
„Prima" dachten wir zugleich" jetzt kommen wir wieder etwas zügiger voran", da der Holländer auch in den Kanalpassagen nicht wesentlicher schneller fuhr als meine Oma mit ihrem Rollator rennt.

Zu früh gefreut.

An seiner Stelle legte ein anderes Schiff vor uns ab, das unter amerikanischer Flagge fuhr und uns bereits kurz nach der Abfahrt aus dem Hafen, warum auch immer, vorbeiwinkte.
Die Landschaft hatte sich seit der Tunnelpassage bereits leicht verändert und war zunehmend hügeliger geworden. Es fiel uns immer mehr auf, dass die weiten Blicke auf die flachen Ebenen weniger wurden, und aus dem Hintergrund kamen immer mehr bewaldete Gebiete auf uns zu.
Bei immer noch besserem Wetter als am Vortag näherten wir uns unaufhörlich Dijon und der Cote d´Or, unserem gesteckten Ziel für den ersten Teil der Überführungsfahrt an die Saône, dass wir in den letzten uns noch verbleibenden Urlaubstagen unbedingt erreichen mussten.

Vor der Schleuse 19 (Sarrée) mussten wir dann eine Weile warten, da uns von unten ein Hotelschiff entgegenkam, das Vorrang bei der Fahrt und beim Schleusen hatte.
Von der ersten Begegnung her mit einem Hotelschiff auf dem ersten Teilstück des Kanals vor ein paar Tagen war mir bekannt, welchen Sog diese Pötte auf ein kleineres Boot wie die Ingrine bei der Vorbeifahrt ausüben können, uns so steuerte ich das Ufer an um dort liegen zu bleiben, bis das größere Schiff aus der Schleuse kam und an uns vorbeigefahren war.

    Denn   :   Who knows ??

Nach einer Weile konnte man erkennen, wie das Hotelschiff unten in die Schleusenkammer einfuhr und später dann mit dem steigenden Wasserstand Stück für Stück nach oben kletterte, um schließlich oben angekommen weit über die Schleusenkammer nach oben herauszuragen. Die Schleusentore wurden aufgekurbelt und die WHO KNOWS, wie der Pott hieß, kam aus der Kammer gekrochen. Der Ami hinter uns hatte die ganze Zeit im Kanal gekreuzt anstatt wie wir ans Ufer zu gehen und sah nun seinen Fehler ein, dass er doch das kleinere Schiff fuhr. Er bemühte sich nun um einen Ausweichplatz am Ufer, allerdings fand er in der kurzen Zeit, die ihm noch verblieb, keinen guten Halteplatz in Ufernähe mehr und lag an einem mit Schilf und Seerosen bewachsenen Kanalrand. Dort hatte er schon seine Mühe, sein Schiff ruhig und längsseits der Uferlinie zu halten, als das Hotelschiff langsam herankam.

Durch den Sog bei der Vorbeifahrt passierte was passieren musste, der Ami saß im Uferschlick fest und bemühte sich mit dem Bugstrahlruder unterstützt wieder freizukommen. Ich hatte dies zuerst nicht mitbekommen, da ich nach der Passage der WHO

KNOWS in die Schleusenkammer eingefahren war und erst jetzt bemerkte, das der Ami quer am Ufer lag und seine Schwierigkeiten hatte dort wieder flott zu kommen. Er gab letztendlich ein Handzeichen an den Schleusenwärter, wir sollten ruhig weiterfahren. Er wollte scheinbar keine Zuschauer bei den weiteren Versuchen dabeihaben, sich aus dem Schlamm zu ziehen.

Oder er hatte eine Geheimwaffe an Bord für solche Fälle, man weis ja nie bei den Amis?

Wir und der Schleusenwärter ließen ihn also wie gewünscht in seiner Fango-Schlammpackung zurück und setzten unsere Fahrt fort. Tröstlich für uns, wir sind scheinbar nicht die einzigen Anfänger im Bootfahren auf dem Canal de Bourgogne.

Zum Glück hatten wir in der bisherigen Zeit unserer Reise mächtig dazu gelernt und uns einiges davon gemerkt und auch tatsächlich einiges davon behalten.

Das gab uns das beruhigende und sichere Gefühl, nicht überall zugleich als Anfänger aufzufallen oder als solche eingestuft zu werden, ein deutliches Plus für unser Selbstwertgefühl.

Es brachte uns aber auf der anderen Seite aber auch die warnende Erkenntnis, nicht auf die Erfahrung eines Steuermannes hinter dem Steuerrad eines anderen Bootes zu vertrauen, wenn sich einmal eine brenzlige Situation ergeben sollte.

Am Vorabend hatten wir bei der täglichen Beratschlagung geplant, an diesem Tag bis Saint-Victor-sur-Ouche zu fahren, da der Ort nach den Symbolen im Kanalführer ein etwas größere Ort war und wir dort gegebenenfalls die besseren Einkaufsmöglichkeiten für Brot und Lebensmittel vorfinden würden.

Mit der Schleuse 25 erreichten wir La Forge und kamen wieder in eine Kontrollschleuse. Die übliche Prozedur erfolgte und als Ziel für die Nacht gab ich dann auch Saint-Victor-sur-Ouche an. Die Schleusenwärterin empfahl uns aber, bereits hier unterhalb der Schleuse in La Forge die Nacht zu verbringen. Durch Bauarbeiten an der Kanaleinfassung und das Anbringen von neuen Spundwänden bei Saint Victor sei der Uferrand dort zum Festmachen derzeit nicht geeignet und schlecht zu begehen. Aus dazu gewinnender Erfahrung folgten wir ihrem Rat und somit war dann für uns die Fahrt hier heute um 18:15 an diesem Tag beendet.

Allerdings gab es dann seitens der Schleusenwärterin noch einen Vermouthstropfen für uns, als die geplante Abfahrt am nächsten Morgen für 9^{oo} angegeben wurde: am Folgetag seien in dem Bereich fünf Hotelschiffe angemeldet und unterwegs und somit stehen am Vormittag keine Schleusenwärter für uns zur Verfügung, die uns begleiten würden, da die Hotelschiffe generell Vorrang hätten. Sie wälzte ihre mitgeführte Liste und telefonierte anschließend, nachdem sie unsere langen Gesichter gesehen hatte, um uns nach dem Telefonat für den Folgetag ausnahmsweise ab 13^{oo} dann doch einen Schleusenwärter zuzuweisen.

Grrrr.

Aber was soll und konnte man da machen? Gar nichts, da kann man nur das Beste draus machen, so wie man es gelernt hat.
Wir bedankten uns brav für die Unterstützung und den Ratschlag für den Nachtplatz und verließen nach der Schleusung die Schleusenkammer und fuhren in einen kleinen gekurvten Kanalabschnitt ein und wählten einen Liegeplatz am unteren Ende des Kanalbo-

gens aus, etwa sieben oder achthundert Meter waren es bis zur nächsten Schleuse. Es ging mit dem Boot an das Ufer und es Erfolgte der Ablauf zum Anlegen mit den Erdnägeln. Nach dem Anlegen stülpte ich, da wir hier am Rande neben dem Treidelpfad lagen, kleine Leitkegel über die cirka dreißig Zentimeter aus dem Boden neben dem Weg herausragenden Metallstäbe, die ich für solche Fälle besorgt hatte. Es sollte ja kein Radfahrer oder Spaziergänger in der Dämmerung darüber stolpern und fallen und dabei zu Schaden kommen.

Der Himmel blieb auch noch für den Rest des Tages trocken, und so hatten wir später noch Lust und Gelegenheit La Forge zu erkunden. Nach dem Abendessen war für uns der beste Zeitpunkt dazu, etwas Bewegung tat uns jedenfalls sicherlich gut.

Wir sind dann bei beginnender Dämmerung mit Taschenlampen im Gepäck von Bord gegangen, um uns unter die Einheimischen zu mischen. Das war aber gar nicht so einfach. Der Ort bestand fast ausschließlich aus einer einzelnen Strasse und war menschenleer. Dennoch war es schön hier entlang zu laufen, an fast allen Häusern waren Blumenkästen mit Blumenschmuck darin angebracht. Die Hauptstrasse lag parallel zum Kanal, das war zumindest ganz praktisch für uns. Auf dem Hinweg sind wir aus dem Boot kommend zurück zur letzten Schleuse gegangen, dort war eine Brücke, die über den Kanal führte und die wir überquerten. Dann ging es zur Strasse hoch ins Dorf hinein und entlang der Strasse zurück in die andere Richtung. Auf dem Weg kamen wir auch an einer kleinen Bäckerei vorbei, eine gute Gelegenheit, sich bereits jetzt über die Öffnungszeiten am nächsten Vormittag zu informieren.

Ansonsten war hier im Ort „tote Hose" und es gab sonst nichts Bemerkenswertes zu sehen. Wir schlenderten die Strasse entlang, die am anderen Ende vom Ort über eine Brücke über den Canal de Bourgogne direkt unmittelbar hinter der anderen Schleuse führte. Dort fanden wir ein schönes Hinweisschild auf den Canal de Bourgogne und hatten hier erstmalig die Gelegenheit, ein solches Schild auf einer Aufnahme festzuhalten, was wir auch taten. Nach dem Spaziergang ging es zurück zum Schiff und die Damen beschäftigten sich noch eine Weile mit einer Spielrunde Kniffel. Die Pflicht rief und ich schnappte mir mein Bordbuch und machte den Tageseintrag, es folgte ein letztes Glas Rouge (oder mehrere, nicht überliefert), dann wurde das Licht gelöscht und es kehrte Ruhe an Bord ein.

Am nächsten Morgen konnten wir das erste Mal an Bord seit der Abfahrt in Migennes ausschlafen, da wir nicht wie üblich dem Druck der frühen Abfahrt unterworfen waren. Der Tag begann trocken, aber den Wolken nach könnte sich das im Laufe des Tages wieder ändern. Der weibliche Anteil der Crew ging von Bord und machte sich auf um im Ort Brot für das Frühstück zu beschaffen und ich hatte mir meine Liste mit den ersten kleinen Reparaturpunkten vorgenommen.

Zuerst, und für mich besonders wichtig, wurde der Gashebel nachgesehen. Die Madenschraube, mit der der Gashebel auf der Welle befestigt war, hatte sich leicht gelockert, dadurch hatte der Gashebel zu viel Spiel auf der Welle und das fühlte sich beim Bedienen etwas schwammig an. Das konnte ich zum Glück sehr schnell und sofort beheben, da nur die Imbusschraube nachgezogen werden musste. Nach dem Frühstück ging es mit dem Abdichten am hinteren Fenster weiter. Das war der ideale Zeitpunkt, da es seit der Nacht nicht mehr geregnet hatte und die Scheibe und der Rahmen gut abgetrocknet waren.
Anschließend wurde das Boot innen gründlich gereinigt und ausgefegt. Von dem ständigen Rein und Raus an den Schleusen wurde doch einiges an Schmutz oder abgemähtes Gras mit an Bord gebracht, da half auch das Abtreten der Schuhe vor der Luke nicht so wirklich, obwohl wir dort extra eine alte Matte hingelegt hatten. Später ging es dann noch einmal auf den kleinen Rundgang in den Ort, aber diesmal bei Tageslicht. Das ergab einen etwas anderer

Eindruck als am Abend zuvor, aber es war genauso schön. Jetzt konnten wir auch erkennen, wie nahe der Kanal neben dem kleinen Fluss l`Ouche verläuft, an dem wir hier übernachtet hatten. Sein Plätschern und Rauschen hörten wir den ganzen Vormittag über als wir hier lagen, wir konnten aber wegen der dichten Sträucher und Hecken neben dem Kanal nichts erkennen. Das Flüsschen war vor sechs Kilometern zu dem Kanal gestoßen und sollte uns von nun an den letzten Teil der Strecke bis nach Dijon weiter begleiten.

Heute gab es früh etwas zu Mittag und kurz vor 13°° machten wir uns vollkommen optimistisch abfahrbereit und tatsächlich, pünktlich wie die Maurer kam ein Schleusenwärter von VnF auf dem Mofa bei uns vorgefahren, um sich bei uns zu melden, es ginge gleich weiter.

Wer meckert denn nur immer über die VnF und die unpünktlichen Franzosen?

Der Motor wurde zum Warmlaufen angeschmissen und anschließend die Festmacher an Land entfernt. Nur wenige Momente später und wir waren wieder unterwegs und trafen nach zweihundert Metern dort auf ein für uns breit offenstehendes Schleusentor.

Perfekt, aber uns war auch klar, unser im Plan stehendes Etappenziel für heute würden wir heute nicht erreichen können, uns fehlten die Vormittagsstunden, die wir fahrtechnisch untätig in La Forge verbringen mussten.

An den nun folgenden Schleusen wurden die Gärten und Rabatten um die Schleusen herum immer bunter und gepflegter, die Blumenpracht immer üppiger. Daraus konnte man auch ableiten, dass wir jetzt in einer Region waren, in der in der Saison mehr Touristen mit den Booten unterwegs sind und hier vorbeikommen, als die wenigen Transitfahrer wie wir, die den Kanal zum Queren von West nach Ost oder in umgekehrter Richtung nutzen.

Der Canal de Bourgogne selber verlief hier durch ein längeres und größeres Waldgebiet mit sehr hohen Bäumen, dem Forét de Bouhel und dem Forét Domaniale de Détain Gergueil. Durch die hohen Bäume sah man den Himmel nicht wirklich und es wirkte alles etwas sehr düster und dunkel. In der Nähe einer Brücke in diesem Waldgebiet war dann Schluss mit unserer Fahrt, vom Ufer forderte uns ein Forstarbeiter auf, anzuhalten. Im Kanal vor uns schwammen zudem sehr viele größere Astteile und über dem Kanal waren in luftiger Höhe gespannte Seile zu sehen. Man hörte Arbeiter, die sich irgendetwas zuriefen und eine Motorsäge, aber außer dem Mann am Ufer war niemand zu sehen. Dann ging mein Blick nach oben und die Erklärung war da. Hoch oben in den Baumwipfeln waren die Forstarbeiter damit beschäftigt, die Baumkronen zu fällen, die dann nach unten gerauscht kamen und in das Kanalwasser gefallen waren.

Erst nachdem sicher war, dass die Fällarbeiten oben in den Bäumen eingestellt worden waren und die größeren Teile mit einem Traktor an Land gezogen waren bekam ich vom Ufer das Zeichen, die Stelle zu passieren, was auf Grund von Baumresten, die noch immer im Wasser trieben aber auch nicht so einfach zu machen war. Vorsichtig ging es an dem Grünzeug vorbei und dann nur schnell weg hier, uns war das hier nicht ganz geheuer.

Es gab da doch so eine amerikanische Fernsehserie, Men in Trees?

Wer hatte wohl wem zum Vorbild?

Einige Kilometer weiter und der Wald zog sich auf eine Seite des Kanals zurück, von Westen kamen immer mehr Felder und

Wiesen an den Kanal heran und man sah in der Ferne auch wieder ein Stück Autobahn, die wir bei Pont de Pany erreichten und kurz darauf unterquerten.

Von nun an blieb uns die Autobahn für die nächsten sechzehn Kilometer bis Dijon neben dem Kanal erhalten und es wurde teilweise richtig laut, wenn die Lastwagen die Straße lang donnerten. Ungewohnt für die Ruhe und Einsamkeit, die wir bisher genossen hatten.

Cést la vie.

Hinter Schleuse 45 war dann in Velars-sur-Ouche um 18:45 die heutige Fahrt zu Ende, weiter kamen wir Heute nicht mehr, der Vormittag fehlte uns einfach. Mit etwas Glück und freier Fahrt hätten wir es sonst Heute locker bis nach Dijon geschafft, die Etappeneinteilung über Entfernung und Zeit dazu hätte zumindest gepasst.

Wir verabschiedeten uns von unserem Schleusenwärter und es erfolgte der übliche Ablauf zum Feierabend. Die Fahrt war lang und anstrengend und so überprüfte der Kapitän als erstes und selbstverständlich pflichtbewusst und freiwillig den restlichen Weinvorrat, ob auch ja nichts damit passiert war. Dann gab es Abendessen und es wurde über den Tag gesprochen. Auffallend für uns, wie routiniert wir nun nach so einer kurzen Zeit mit dem Boot umgehen, sei es in den Schleusen oder sei es beim An- oder Ablegen.

Wo war nur die Landratte abgeblieben?

Eine Nachfrage an Bord unter der Besatzung ergab auch keine näheren Erkenntnisse. Helga war selber über sich erstaunt. Nie hätte sie es sich vorstellen können, auf einem Boot zu verweilen und zu leben geschweige denn, es selber zu fahren, bei den Schleusenmanövern zu agieren oder bei den Anlegemanövern zu Helfen. Eigentlich was das Bootleben auch ihre Welt, es war bisher nur tief in ihr verborgen gewesen und nun wollte sie es auf keinen Fall mehr missen.

Angebissen.

Vom Virus befallen.

Es gibt kein zurück mehr.

Da bin ich erbarmungslos.

Sie will es ja auch nicht anders.

So haben wir wohl unseren Weg gefunden.

Der folgende Tag begann für uns am nächsten Morgen bereits um 7°°, irgendwie waren wir alle im Boot unruhig und früh wach, obwohl dafür eigentlich kein Grund bestand.
Die Erklärung war einfach. Oben im Hang, nicht weit vor uns voraus, lag eine Eisenbahntrasse, über die in regelmäßigen Abständen Züge rollten, nicht laut, aber man konnte sie zumindest hören und gut sehen. Auf der anderen Seite vom Kanal verlief oben im hügeligem Gelände irgendwo die Autobahn, deren Geräusche ab und zu vom Wind zu uns vordrangen. Vermutlich waren es diese ungewöhnten Geräusche nach der ganzen Zeit in der Natur, die uns jetzt unbekannt vorkamen und irritierten. Die Nähe zu Dijon und damit zu einer Großstadt war ab hier nicht mehr zu verkennen.

Dijon, Cote d´Or

Draußen war es recht Nebelig, die Sicht war nicht besonders gut, man konnte vielleicht zweihundert oder dreihundert Meter weit sehen. Wir befürchteten schon eine weitere Zwangspause bis in den späten Vormittag, bis sich der Dunst verzieht, aber sehr schnell klarte es soweit auf, dass eine Weiterfahrt möglich war. Wenig später kam der Schleusenwärter auf seinem Mofa vorgefahren und zusammen ging es mit einem Engländer im Verbund auf die letzte Etappe bis Dijon.

Bis zum Stadthafen im Zentrum waren es noch etwa zehn Kilometer und neun Schleusen lagen dazwischen auf unserem Weg, also sollte das heute gut zu packen sein. Aber wie sich schon nach kurzer Fahrstrecke herausstellte war Lord Plumpudding sehr langsam und unsicher mit seinem Boot unterwegs und kostete uns in den Schleusen sehr viel Zeit.

Das Boot war zwar ein älteres Boot, sah aber frisch gestrichen und makellos aus, eventuell hatte es der Engländer noch nicht lange in seinem Besitz und war mit dem „neuen" Boot noch nicht so richtig vertraut.

Zumindest hatte er Angst um seine frische Farbe. Er fuhr fast im Stillstand in die Schleusen ein und aus, so wie es die großen Pénichen machten. Die taten dies aber, da sie durch ihre Breite kaum Platz zwischen Bordwand und Schleusenkammer hatten. Der Engländer war aber deutlich schmaler und nur wenig breiter als die Ingrine.

Warum haben immer wir diese Skipper im Konvoi?

Wie auf der ganzen bisherigen langen Strecke wurden auch hier alle Schleusen von Hand betätigt. Damit gab es immer wieder die Möglichkeit, dem Schleusenpersonal bei der Arbeit zu helfen. Das ge-

schah aber auch im eigenen Interesse um etwas an der Zeit wieder herauszuholen, die uns der Engländer bei den Manövern kostete. Trinkgeld für den Eclusier gab es von uns natürlich trotzdem.
Bis zur Mittagspause schafften wir es wegen dem trägen Insulaner dann aber leider doch nicht mehr bis in den Stadthafen von Dijon, wir kamen nur bis zur Schleuse 52. Bei der letzten Schleuse davor waren wir vom Schleusenwärter weitergereicht worden, aber an der Ecluse 52 war niemand mehr vor Ort, c´est Midi, Mittagspause. Wir machten dann dort, obwohl eigentlich nicht gestattet, in der Schleusenkammer vertäut unsere Mittagspause, da uns der Uferbereich davor nicht besonders einladend und geeignet dafür erschein und das Schleusentor weit offenstand, wir waren ja auch in Erwartung der Schleusung bereits dort eingefahren. Als Ausgleich dazu lagen wir hier unmittelbar am Lac Kir mit der ihm umgebenden Parklandschaft, in der wir auch einige Schritte hineinspazieren gingen.
Vor uns voraus lag der Kanal, gerade und fast bis auf das letzte Stück bis hinunter ins Stadtzentrum einsehbar. Auf der Seite vom rechten Ufer lagen im Hintergrund Wohngebäude der Vororte, ein Teil davon gehörte auch zur Universität von Dijon, dort waren vermutlich auch einige Studentenwohnheime untergebracht. Die Mittagspause wurde auch einmal wieder dazu genutzt, das Bootsdeck von Blättern und Grünzeug zu reinigen, das sich am Vormittag dort angesiedelt hatte. Vor der Ankunft in der Stadt sollte ja schließlich alles am Glänzen sein an Deck.
Nach der Pause wurden dann die letzten drei Kilometern in Angriff genommen, noch drei Schleusen lagen vor uns auf unserem Weg. Und dann war es endlich soweit, kurz nach 14°° wurde die Fahrt gedrosselt und um eine kleine Insel im Kanal manövriert, langsam ging es in den Stadthafen von Dijon hinein und dort suchten wir uns einen geeigneten Platz für die Ingrine.
Aber anders als erwartet war der Hafen nicht besetzt, niemand war vor Ort, der uns und unser Schiff in Empfang nahm. Der Stadthafen war gut zur Hälfte belegt und wir mussten uns erst den für Gäs-

te vorgesehenen Bereich suchen, da auch nichts ausgeschildert war. Weiter links im hinteren Bereich in Ufernähe, direkt zu einer kleinen Grünfläche hin, waren ausreichend Plätze für Gäste vorgesehen. Ein Schwesterschiff der Ingrine konnten wir hier im Hafen auch ausmachen, es lag hier im vorderen Bereich des Hafens an einem Steg im Bereich der Dauerlieger.

Wir steuerten langsam den von uns ausgemachten Steg an, erwarteten aber immer, das uns jemand zu Hilfe kommt oder einen anderen Platz zuweist, so wie wir es in anderen Hafenanlagen gewohnt waren, aber der Hafen hier war wohl wirklich nicht besetzt. Vor dem angestrebten Platz wurde aufgestoppt und die Ingrine mit ein paar Mal mit Vorwärts / Rückwärts auf der Stelle gedreht, dann ging es Rückwärts ganz sachte in die Box und nach dem Belegen der Taue wurde der Motor abgestellt.

Bienvenue à Dijon.

Herzlich willkommen in Dijon.

Alles erschien uns hier im ersten Moment wie in einer anderen Welt. Nach den zehn Tagen auf dem Kanal quer durch das Burgund mit seinen traumhaften Landschaften liegen wir nun inmitten einer Großstadt im Hafen, nur wenige hundert Meter von der Altstadt entfernt. Die hohen Gebäude der Stadt im Umfeld, die Kirchen, der Dom, alles war ein ungewohntes Bild für uns.

Das Auto stand auch noch auf seinem Platz nahe am Hafen, wo ich es mit Pascal einige Tage vorher abgestellt hatte, nur wenige Meter von dem Boot entfernt. Und zu unserer Freude war kein Knöllchen hinter dem Scheibenwischer angebracht, wegen möglichem Falschparken oder etwas Anderem, obwohl ich eigentlich das Auto auf einem korrekten freien Platz abgestellt hatte. Das war perfekt so, denn später sollte es noch zu einem großen Supermarkt zum Einkaufen gehen.

Mit dem Messstab wurde vorsichtshalber noch einmal der Tankinhalt geprüft. Nach den Markierungen zu schließen hatten wir in den ganzen zehn Tagen unserer Reise etwas um die neunzig Liter Diesel verbraucht. Darin war aber auch der zusätzliche Verbrauch der Dieselheizung enthalten, die wir morgens und abends und an kalten Regentagen in Betrieb hatten, da diese aus dem gleichem Tank wie der Motor versorgt wird. Mit dem bisherigen Verbrauch war ich mehr als nur zufrieden, da hatte ich mit wesentlich mehr Verbrauch gerechnet. Im Vorfeld bei der Planung der Reise hatte ich mir in der Karte Orte markiert, in denen laut Beschreibung aufgetankt werden konnte.

Eigentlich war ich schon in Tonnerre etwas nervös geworden, da dort eine Tanksäule im Kanalführer eingezeichnet stand, im Hafen aber vor Ort keine Zapfanlage zu finden war. Eine Nachfrage nach einer Tankmöglichkeit wurde damals auch vom Schleusenwärter mit Kopfschütteln verneint.

Mittlerweile kenne ich die Legende der Symbole aus den Kanalführern besser, eine Tanksäule bedeutet einfach nur, dass im Ort irgendwo eine Tankstelle vorhanden ist, die nicht in der Nähe des Kanals zu liegen braucht, eine Tankmöglichkeit eben und mehr auch nicht. Notfalls muss man dann bei Bedarf mit Kanistern zur Tankstelle im Ort laufen und diese dann wieder zurück zum Boot zum Auffüllen schleppen.

Es erfolgte nun sogleich der heutige Eintrag ins Bordbuch, nachher wollten wir ja in die Stadt zum Einkaufen. Die Ausbeute für die Statistik unserer Reise bis hierhin ließ sich auch gut sehen. 212 Kilometer wurden seit Migennes gefahren, auf dessen Weg bereits 164 Schleusen bewältigt wurden. Davon passierten wir 113 Schleusen in Bergfahrt und 54 Schleusen in Talfahrt.

Bergauf hatten wir 291,5 Höhenmeter überwunden, bergab waren es ab Pouilly immerhin 141,5 m, die uns wieder runterbrachten und uns abwärts in Richtung zur Saône führten.

Allerdings hatten wir aber unser hochgestecktes Ziel, die Stadt Saint-Jean-de-Losne, geschweige denn den Hafen von Savoyeux, in den paar Tagen nicht erreicht. Die Angaben für die Dauer der Kanalpassage, die ich im Vorfeld durch Anfragen und Recherchen im Internet erhalten hatte, waren vermutlich bei optimalen Bedingungen ermittelt worden. Trotzdem haben wir bis hierhin 212 Kilometer hinter uns gelassen und 164 Schleusen bewältigt, eine ganze Menge und eine Leistung, auf die wir stolz seien konnten.

Nach dem groben Aufräumen und Reinigen des Bootes waren wir dann später mit dem Auto raus in die Vorstadt gefahren, dort liegen in der Regel die größeren Einkaufszentren. Wir wurden dort auch fündig und so ging es zum ausgedehnten Shopen in einen der ganz großen Einkauftempel. Wir wollten noch für unsere Rückkehr nach Deutschland diverse Lebensmittel für zu Hause kaufen. Für Pascals Geburtstag hatten wir auf der Fahrt angefangen, Delikatessen für einen Fresskorb aus den Regionen zu sammeln, jetzt fehlte uns nur noch das passende Gefäß dafür. Für den nächsten Samstag war nach unserer Rückkehr in Neuss bereits eine Party angesetzt worden, dort sollte das ganze dann als Geschenk an Pascal übergeben werden.

Nach dem Einkaufen und dem Verstauen der Utensilien ging es mit dem Auto zuerst an eine Tankstelle und dann zurück an Bord. Diesmal stellten wir das Auto auf einen der wenigen dort für Hafenanlieger vorhandenen Plätze und hatten einen kürzeren Weg, um die Einkäufe vom Auto zum Boot zu bringen.

In der Capitainerie war immer noch niemand, auch nicht zur der dort angegebenen Bürozeit, da kann man nichts machen.

Am späten Nachmittag, eher am frühen Abend, klopfte jemand am Boot, es war der Hafenwart. Er war nun doch noch gekommen, um mit uns den Liegeplatz abzurechnen. Der Hafenbetreiber vom Stadthafen war auch für den Campingplatz am Lac Kir zuständig, von dort kam dann am Abend ein Mitarbeiter, um den Hafen zu kontrollieren, wie wir aus einem Gespräch mit ihm erfuhren. Wir hatten dann bei ihm den Liegeplatz bis zum nächsten Wochenende bezahlt, da die Ingrine solange hier in Dijon bleiben sollte. Am nächsten Wochenende war geplant, mit dem Boot das letzte Stück des Canal de Bourgogne bis Saint Jean de Losne zu befahren.

Von nun an ermöglichte es unsere Zeit uns nur noch an den Wochenenden mit der Ingrine zu fahren, unsere Urlaubstage waren aufgebraucht, die Arbeit und der Alltag rief uns wieder zurück nach Düsseldorf.

Am heutigen Abend gab es dann ein üppiges Abendessen mit allem drum und dran, auch ein Cognac durfte zum Abschluss nicht fehlen, das hatten wir uns verdient. Wir hatten hier im Stadthafen unweit vom Zentrum von Dijon einen richtig beschaulichen Platz gefunden. Vom eigentlichen Lärm der Großstadt oder der Nähe zum Stadtzentrum bekamen wir hier so gut wie nichts mit, es war angenehm ruhig hier, einzig der Start oder die Landung des Rettungshubschraubers des Krankenhauses in unmittelbarer Nähe vernahm man als außergewöhnlichen Geräusch. Aber stören in dem Sinne von Krach tat es nicht.

Zum Abschluss des Tages sind wir dann nach dem Essen gegen 22^{00} noch etwas in die Altstadt gegangen. Vorrangig ein Verdauungsspaziergang, aber auch um uns dort etwas umzusehen. Im Kanalführer war ein grober Innenstadtplan von Dijon abgedruckt, so hatten wir einen groben Überblick von der Stadt. Vom Hafen führte uns unser Weg über eine Brücke über die l`Ouche, die den Canal de Bourgogne hier immer noch begleitete. Der weitere Weg entlang

der Rue de l'Hopital führte uns unter die Bahnstrecke durch, die hier in Bahnhofsnähe unseren Weg kreuzte. Der Rue Condorcet folgend führte uns unser Rundgang direkt auf die Cathedrale Saint Bénigne zu, die sich hoch aus dem umgebenden Häusermeer erhob. Wenn man sie als Wegpunkt benutzt konnte man sich eigentlich nicht verlaufen. Entlang einer kleinen Strasse, die wir noch überqueren mussten, kamen wir zur Fußgängerzone und zum eigentlichen alten Zentrum von Dijon. Der Dom ragte wirklich hoch über die Dächer heraus und wurde jetzt bei Dunkelheit gelblich angestrahlt, was die Farbe des Sandsteins noch unterstützte.
Obwohl es doch schon sehr spät war konnten wir noch in die Kathedrale hinein und uns dort ein wenig umsehen, da dort eine Bühnencrew noch damit beschäftigt war, die restlichen Bühnenteile und Lichtträger eines Konzertes abzubauen, das hier wohl abgehalten worden war.

Im Anschluss sind wir dann noch etwas durch die umliegenden Gassen gebummelt bevor es für uns wieder zurück an Bord ging. In der Zwischenzeit war es doch schon etwas spät geworden und kurz vor 1^{00} waren wir am Boot zurück.

Am nächsten Morgen durften wir uns zum Abschluss unserer Ferien noch ein letztes Mal über einen blauen Himmel freuen. Die Kaffeemaschine wurde für das Frühstück angeworfen und ein letztes Mal in unserem Urlaub der Frühstückstisch gedeckt. Nach dem darauffolgenden Reinemachen wurde das Gepäck ins Auto verstaut und das Boot gut verschlossen. Die Ingrine wurde nun für eine Woche verlassen, die Arbeit ruft, der eigentliche Urlaub war für uns zu Ende, es ging zurück nach Düsseldorf.

Wochenend und Sonnenschein

Der erste große Abschnitt unserer Überführungsfahrt der Ingrine von Migennes im Burgund nach Savoyeux in der Franche-Comté hatte in Dijon vor einer Woche seinen erfolgreichen Abschluss gefunden. Nun galt es, auch den Rest der Strecke ebenso erfolgreich zu bewältigen.

Das ganze Vorhaben hatte dabei allerdings einige Tücken für uns parat. Ich hatte keinen Urlaub mehr, Helga bekam kein frei und erschwerend kam hinzu, dass in wenigen Wochen der Schifffahrtsbetrieb auf der Saône wegen Wartungsarbeiten für einen Monat eingestellt werden sollte. Die restlichen Etappen konnten wegen der fehlenden Urlaubstage nur an den Wochenenden zurückgelegt werden. Eine grobe Abschätzung des Zeitplanes ergab aber einen ausreichenden Puffer zum Monatsende hin, ab dem im November die Saône wegen der alljährlichen Chomage, sprich Sperrung zu Reparatur und Wartungsarbeiten an den Schleusen und Bauwerken, gesperrt wurde.

Lange Rede, kurzer Sinn, packen wir es an.

Mit meinem jüngeren Sohn Frederik bin ich am ersten Oktoberwochenende nach Dijon gefahren, eine Woche nach der Ankunft mit der Ingrine im Stadthafen von Dijon. Ein weiteres Teilstück unseres Projektes Überführung galt es abzuwickeln, der Rest des Canal de Bourgogne von Dijon runter zur Saône sollte bezwungen werden.

Unser Etappenziel am Sonntag stand fest: der Gare d´Eau, der

Freizeithafen von Saint-Jean-de-Losne an der Mündung des Canal de Bourgogne in die Saône war unser erklärtes Ziel.

Frühmorgens waren wir in Düsseldorf losgefahren und gegen 10°° am Vormittag in Dijon angekommen. Zuerst ging es in das bekannte Einkaufszentrum im Vorort, um die Lebensmittel für das Wochenende einzukaufen. Danach fuhren wir weiter ins Zentrum von Dijon an den Stadthafen. Das kleine Handgepäck für die zwei Tage wurde umgeladen, ebenso die Einkäufe, die wir zuvor getätigt hatten, um das Wochenende zu überstehen.
Nach meiner Karte gab es auf der kommenden letzten Etappe bis St.Jean keinen gescheiten Ort für einen Zwischenstopp, geschweige denn eine Möglichkeit um Lebensmittel nachzukaufen. Das muss jetzt alles an Bord sein.
Am Anleger im Hafen wurde Wasser gebunkert, damit wir wieder einen vollen Wassertank hatten und der Treibstoffstand wurde erneut geprüft, sicher ist sicher. Noch lagen wir neben dem Auto im Hafen und hätten zur Not an einer Tankstelle Diesel besorgen können. Aber der Füllstand hatte sich seit meiner letzten Messung bei der Ankunft hier in Dijon nicht verändert, wir hatten noch etwas mehr als die Hälfte Diesel im Tank, das sollte für das letzte verbliebene Teilstück bis Savoyeux auf jeden Fall reichen.

Nach einem kleinen Snack ging es dann bei Sonnenschein um 13°° los. Der Motor sprang so gutmütig wie immer an, so als ob ich ihn gestern erst abgestellt hätte, und wir machten uns abfahrtbereit. Das Stromkabel wurde eingerollt und die Festmacher von den Klampen gelöst. Dann erfolgte das Kommando Leinen los. Zuerst manövrierte ich das Boot langsam aus dem Hafenbecken heraus um dann Kurs nach Backbord Richtung Schleuse zu nehmen, die unmittelbar hinter der Hafenausfahrt lag. Die erste von zweiundzwanzig Schleusen auf den letzten Neunundzwanzig Kilometern des Canal de Bourgogne bis runter zur Saône lag vor uns.

Beim Schleusenwärter hatte ich uns kurz vor der Abfahrt angemeldet und so lag die Kammer vor uns voll Wasser gefüllt und war bereit für unsere erste heutige Schleusung. Bergab ist es einfacher als Bergauf und eigentlich problemlos, und so kamen wir recht gut voran. Nach der Ausfahrt aus dem Stadtzentrum folgte in kurzem Abstand die zweite Schleuse, danach kam eine leichte Biegung und nun lag er vor uns, der restliche Kanal.

Gerade, fast dreißig Kilometer ohne Kurve, 1775 auf dem Reißbrett entworfen und abgesteckt, ohne irgendeine Abwechslung außer Brücken und Schleusen. Er wirkte öde und schnöde im Vergleich zu den landschaftlichen und reizvollen Gegenden, die wir zuvor oberhalb am Canal de Bourgogne kennen lernen konnten. Links und rechts war der Kanal mit Spundwänden eingefasst. Das Ufer säumte ein asphaltierter Treidelpfad, der mit Markierungen für Radfahrer und Rollschuhfahrer ausgestattet war. Seitlich vom Treidelpfad und auch auf der anderen Kanalseite war der Kanal teilweise von Platanen entlang des Ufers eingerahmt. Durch den nahenden Herbst waren die Farben des Blattwerkes der Bäume nicht mehr satt und dunkelgrün, sondern schimmerte in den trostlosen Farben, die der Herbst annehmen kann. Dies war eine alles andere als einladende Umgebung, da hatten wir schönere Landschaften und Abschnitte gesehen.

Mit diesem Hang zur Eintönigkeit wurde dieses letzte Teilstück des Canal de Bourgogne aber auch in den meisten Reiseführern beschrieben, da waren wir nicht alleine mit unserem Eindruck. Vielfach wird in den Reiseführern empfohlen, sein Boot unten in Saint Jean de Losne liegen zu lassen und Dijon mit dem Bus oder den Zug zu besuchen.
Dazu kam dann noch, dass es nach dem Verlassen der Stadt nach den ersten vier bis fünf Kilometern im Umfeld deutlich lauter wurde. Im Tiefflug kreuzten landende Militärjets den Kanal, der hier direkt am Flugplatz von Dijon-Longvic vorbeiführte.

In einem Abschnitt weiter unten lag kurz vor einer Schleuse ein Franzose mit seinem Boot und fing uns bei der Vorbeifahrt ab. Er wolle gerne mit uns im Verbund weiterfahren, er wartete aber noch auf einen Freund, der mit dem Auto unterwegs sei und sich etwas verfahren hätte. Ob wir es eilig hätten oder ob wir auf die Beiden warten könnten? In unserer Zeitplanung für den heutigen Tag war ausreichend Puffer und so fuhren wir bis zur Schleuse, um dann auf das andere Boot zu warten. Kurze Zeit später kam ein Auto mit einem Schweizer Kennzeichen über einen Feldweg vorgefahren, das dann in der Nähe der Schleuse abgestellt wurde. Ein Mann stieg aus, nahm eine Tasche und eine Tüte mit Einkäufen aus dem Kofferraum des Autos und marschierte damit zum Franzosen an das Boot. Das Gepäck wurde auf das Boot geladen und der Neuankömmling machte sich daran, die Festmacher zu lösen. Das Boot der Beiden legte ab und kam nun zu uns in die Schleusenkammer aufgeschlossen. Der Franzose stellte sich als Bernard vor und bedankte sich noch einmal für das Warten und dann ging es gemeinsam weiter Richtung Saint Jean de Losne und der Saône.

Vollkommen unspektakulär verlief der Rest des Tages. Diese Einöde und die Eintönigkeit der Schleusungen erinnerten mich etwas an eine eintönige Fabrikarbeit.
Die Handgriffe und Abläufe waren so unspektakulär, dass man fast das Denken einstellen konnte.

Schleuse auf, Boot rein, Schleuse zu. Wasser raus, Boot unten, Tor auf, Boot los, Boot raus aus Schleuse, achthundert Meter freie Fahrt, dann wieder Schleuse auf, Boot rein, Schleuse zu. Wasser raus, Boot unten, Tor auf, Boot los, Boot raus aus Schleuse.

Wir passierten noch die Schleuse 66 von Rouvres, unterhalb kam der Ort Thorey-en-Plaine und dort gab es einen kleinen Anleger, den ich uns zum Übernachten ausgesucht hatte. Wir machten dort dann Halt und belegten die Taue am Ufer. Bernard war das

Wasser hier am Anleger aber zu flach für sein Boot und er fuhr etwa zweihundert Meter weiter und legte sich an das andere Ufer für die Nacht. Frederik blieb am Boot und sollte später das Abendessen vorbereiten während ich mit dem Fahrrad zurück radelte um das Auto in Dijon abzuholen.

Der asphaltierte Treidelpfad entlang des Kanals war wirklich gut zu befahren und bei halbwegs gemütlicher Fahrt war ich mit dem Fahrrad nach etwas mehr als einer Stunde in Dijon im Hafen zurück. Die letzten drei oder vier Kilometer der Strecke war der Treidelweg mit in der Fahrbahn eingelassenen kleinen Leuchten markiert, so wie die Taxi-Ways auf einem Flughafen. Es machte Richtig Spaß, hier in der langsam beginnenden Dämmerung zu fahren.

Im Hafen in Dijon angekommen klappte ich das Fahrrad zusammen und verstaute es im Kofferraum des Autos. Nun galt es das Navi auf den Zielort Thorey-en-Plaine einzustellen. Ich hatte nicht die geringste Ahnung, wie ich ohne Navi dorthin gefunden hätte, da die Landstrassen alle in alle möglichen anderen Richtungen führten. Los ging es dann auf die Rücktour und so fuhr ich mit dem Auto und von dem Navi unterstützt zurück Richtung Boot, das irgendwo am Kanal auf mich wartete.

    In Thorey angekommen musste ich mir nur noch die Zufahrt zu dem kleinen Parkplatz neben dem Kanal suchen, was aber dann doch keine große Schwierigkeit mehr darstellte. An Bord des Bootes zurück konnte ich mich von der Radtour erfrischen und kurze Zeit darauf gab es das von Freddy zubereitete Abendessen.

Nach dem Abendessen erfolgte das leidige Spülen des Geschirrs, dann das Aufräumen und Saubermachen in der Kombüse, das musste wohl sein.

        Erst jetzt hatten wir das erste Mal richtig Ruhe und Gelegenheit am Tag um es uns im Salon so richtig gemütlich zu machen und zu plaudern.

Anschließende Erzählungen über dies und jenes beendeten unseren heutigen langen Tag.

Zumindest war es den ganzen Tag gut warm gewesen, sodass wir zumindest am Abend die Heizung nicht in Betrieb nehmen brauchten. Freddy bekam noch erklärt, wie sie gestartet wird falls es nötig wird da er in der hinteren Kabine schlief, dort befand sich der Schalter für die Heizung, falls es über Nacht kälter werden sollte.

Abschleppservice

Am nächsten Morgen, einem Sonntag, war es herbstlich kühl, aber nicht kalt und es war nur etwas Nebeldunst über der Wasserfläche vorhanden.
Heute schien es wieder ein trockener und halbwegs sonniger Tag zu werden, genau wie am Tag zuvor.
Bei meiner allmorgendlichen Runde um das Boot und am Ufer entlang erlebten wir dann eine Überraschung.

Über Nacht war der Wasserstand im Kanal um etwa fünfunddreißig Zentimeter gefallen, ein Schütz an der nächsten Schleuse war wohl nicht richtig geschlossen worden. Wir lagen mit dem Boot am Kanalufer fast auf Grund, überall waren nur Steine und Schlick zu sehen, im Uferbereich war das Wasser vielleicht noch vierzig Zentimeter tief. Bei diesem Zustand hätte ich hier gestern wohl kaum angelegt, das wäre mit zu flach und zu kritisch gewesen.
Der Kaffee war in der Zwischenzeit fertig und es wurde auf den Schreck hin erst einmal gefrühstückt. Danach wollten wir sehen, ob wir tatsächlich festsitzen oder ob wir freikommen und Ablegen konnten, denn es sollte um neun Uhr langsam weitergehen.

Wir hatten kaum Spielraum zum Grund und ich wollte es nicht riskieren, mir beim Ablegen der Ingrine die Schraube an den Steinbrocken zu beschädigen, die dort im Schlick im Wasser lagen.

Der Motor wurde gestartet und nach dem Warmlaufen kam der erste Versuch. Die Erdnägel wurden gelöst und die Festmacher eingeholt. Vorsichtig drückten wir uns mit dem Bootshaken hinten vom Ufer ab und tatsächlich schob sich das Heck der Ingrine in Richtung Kanalmitte, ohne das irgendwelche Schrammgeräusche vom Boot über Grund zu vernehmen waren. Auf dieselbe Art stakten wir uns dann anschließend mit dem Bug einen guten Meter vom Ufer fort bevor ich mit eigener Motorkraft die Ingrine vorsichtig rückwärts nun vollständig in die Mitte des Kanals zog. Wegen dem geringen Tiefgang der Ingrine kamen wir anders als zuvor erwartet gut frei und in ausreichendem Abstand vom Kanalufer konnte ich die Ingrine mittig im Kanal ausrichten und die Weiterfahrt Richtung Schleuse aufnehmen.

Nicht so viel Glück hatte Bernard, der Franzose, mit seinem Schiff gehabt, der am Tag zuvor den letzten Teil der Strecke mit uns gefahren war. Das Schiff lag auf Grund und ragte Achtern zum Ufer deutlich höher aus dem Wasser heraus als zur Kanalseite selber.

Der Schleusenwärter war an der Schleuse eingetroffen und hatte, von Bernard bereits über den gefallenen Wasserstand informiert, in der Zwischenzeit das Schütz am Schleusentor geschlossen, damit sich der Wasserstand in dem Teilstück wieder erhöht. Das würde aber eine ganze dauern Weile. Bei Annäherung mit der Ingrine wurden wir von Bernard um Hilfe gebeten, ob wir ihn aus dem Schlick ziehen könnten, wenn der Wasserstand es erlauben würde.

Skepsis kam bei mir auf.

Einen Schleppvorgang mit einem Boot hatte ich noch nie gemacht und ich war mir nicht sicher, ob ich das unserer Ingrine zumuten konnte und wollte.
Wir wollten zumindest einen Versuch wagen.
Die Lage der Boote wurde sondiert und ich überlegte mir den besten Ansatz, wie ich vorgehen könnte. Frederik wurde angewiesen, bei Problemen sofort die Taue zu lösen und sich beim Ziehvorgang aus der Linie der Taue zu halten, falls diese reißen und zurückschnellen sollten. Die Tampen wurden von Bernard übergeben und auf der Ingrine belegt. Vorsichtig wurde nun versucht, das Schiff rückwärts aus dem Uferschlamm zu ziehen. Die Seile spannten sich stark und knarrten. Die Ingrine gehorchte nicht mehr dem Ruder, sie driftete seitlich weg aus der Zugrichtung der Taue, zu sehr saß das andere Boot noch fest. Die Ingrine blieb aber dennoch im Kanal kontrollierbar und es waren letztendlich drei Anläufe nötig, dann hatten wir das andere Schiff mit dem Heck in Richtung der Kanalmitte gezogen und es somit frei bekommen. Die Taue wurden gelöst und wir fuhren vor in die Schleuse, die nur ein paar hundert Meter entfernt vor uns lag. Bernard, der Franzose, kam mit seinem Boot nach und in der Schleuse wurde uns für die Hilfestellung per Handschlag gedankt, aber so ist das in der See(Kanal)fahrt, man hilft sich in der Not.

In Brazey-en-Plaine, fünf Kilometer vor dem Ende des Canal de Bourgogne, war ein kleiner Haltepunkt im Kanalführer eingetragen und ich überlegte im Vorfeld dort die Ingrine für zwei Wochen liegen zu lassen, bis wir zum nächsten Besuch zum Boot kommen konnten und es mit der Verlegung der Ingrine weitergehen sollte. Aber der Haltepunkt war für unser Vorhaben ungeeignet und der Vorfall der vorangegangenen Nacht mit dem gesunkenen Wasserstand im Kanal und die anschließende Beratung mit Freddy führte dann zu dem Entschluss, die restlichen fünf Kilometer weiter bis in den sicheren Hafen vor Saint Jean de Losne zu fahren, um die *IN-*

GRINE für die nächsten zwei Wochen dort im Gare d´ Eau zu lassen.
Wir fangen erst gar nicht an, am falschen Ende zu sparen.

Kurz vor dreizehn Uhr kam die Eisenbahnbrücke vor St.Usage in Sicht, die letzten zwei Kilometer vom Canal de Bourgogne lagen vor uns. Dann folgte kurz darauf die Brücke der D 20 über den Kanal und wir erreichten die Einfahrt in den oberen Kanalhafen von Saint Usage.
Die Einfahrt in den oberen Hafen war noch beeindruckender als die Ankunft im Stadthafen von Dijon vor zwei Wochen. Der Kanal erweiterte sich fast auf das Doppelte. Links und rechts lagen dutzende Boote, teilweise nebeneinander vertäut, fast so wie wir es am Nil von den Hotelschiffen her kannten. Und dann gab es noch die größeren Schiffe in der Werft mit dem Trockendock am Ende des Kanals kurz vor der Schleuse. Dort gab es eine kleine letzte Wartepause für uns. Ein anderes Schiff war vor uns in die Schleuse gefahren, bevor wir mit unserem Schleusenvorgang dran waren mussten wir hier eine Schleusung abwarten.
Nach zehn Minuten war es soweit, die Ingrine wurde zum letzten Mal in eine Schleuse des Canal de Bourgogne gefahren und es erfolgte dort die mittlerweile gewohnte Kontrolle. Der Schleusenwärter vermerkte sich Bootstyp und Nummer in sein Buch und es erfolgte die Frage nach dem Abfahrtort. „Migennes", war die Antwort von mir und er zollte uns Respekt für die lange Strecke, die wir den Kanal durchfahren hatten. Es ging dann die letzten dreieinhalb Meter herunter auf das Niveau der Saône. Das Schleusentor öffnete sich und nach der Ausfahrt lag der Canal de Bourgogne hinter uns, wir waren nun an der Saône angekommen.

Wir hatten es doch tatsächlich geschafft und den langen Kanal mit seinen vielen Schleusen und dem Tunnel bezwungen.

In den ersten Tagen nach der Abreise waren wir noch als gefühlte Anfänger unterwegs, gerade vom Mietboot auf ein eigenes Boot umgestiegen. Und nun, nur wenige Wochen später erreichten wir Saint Jean de Losne als vollwertige Freizeitkapitäne.

Auf diese Leistung konnten wir zu Recht Stolz sein.

Nach der Ausfahrt aus der Schleuse ging es nicht raus auf die Saône, sondern nach wenigen Metern war unser Weg nach Backbord in den Gare d´ Eau, wie diese imposante Hafenanlage auch genannt wird.
Hier galt es, einen geeigneten Liegeplatz für die nächsten zwei folgenden Wochen zu finden. Ich steuerte den ersten kommenden Hafenbereich bei der Firma Blanquart an, dort ging es an den Gastliegeplatz.
Kurz darauf kam der Hafenmeister zu uns an die Ingrine. Er wies uns allerdings einen besseren Platz im Innenbereich der Gastliegeplätze zu, als er auf meine Nachfrage erfuhr, dass wir die Ingrine für zwei Wochen hierlassen wollten. Er gab mir eine Visitenkarte von seinem Schiff TABATHA und wollte mich über seine Internetseite informieren. Aber die Internetseite kannte ich bereits von meinen Recherchen zur Reisevorbereitung zur Passage des Canal de Bourgogne. Darüber war er angenehm überrascht und freute sich sehr über mein Lob zu seinem Internetauftritt. Jean-Pierre Savoy, so sein Name und Eigner der Tabatha, wollte ein Auge auf unser Boot werfen, wenn wir in den nächsten zwei Wochen nicht hier vor Ort wären. Ich erkundigte mich noch nach einem Taxistandplatz im Ort, aber auf sein Angebot hin wurde mir von Bord der Tabatha von Francine, seiner Frau, per Telefon ein Taxi in den Hafen bestellt. Das war natürliche eine nette und hilfreiche Geste für mich, da ich noch einmal sechzehn Kilometer zurück nach Thorey-en-Plaine musste, um dort mein Auto abzuholen.

Die Ingrine wurde vertäut und der Stromanschluss ans Boot gelegt, damit war Ladegerät und Heizung versorgt. Freddy blieb wie am Vortag an Bord zurück und ich machte mich auf den Weg zum Hafenbüro, um dort auf das Taxi zu warten.

Der nach wenigen Minuten eingetroffenen Taxifahrerin zeigte ich im Kanalführer, wo mein Auto abgestellt worden war und wo ich hinwollte. Sie kannte das Örtchen und brachte mich in kürzester Zeit dorthin. Nachdem ich die kurze Fahrt bezahlt hatte bekam ich noch einen Tipp für die Rückfahrt und brauchte diesmal mein Navi gar nicht erst zu bemühen.

Der Rückweg war wirklich leicht zu finden und bei sonnigem Herbstwetter machte das Fahren richtig schön Spaß. Recht flott ging es vorwärts und Ruckzuck war ich wieder zurück im Hafen.

Nach meiner Rückkehr in Saint Jean erfolgte dann der uns mittlerweile bekannte übliche Ablauf vor der Rückreise: zuerst alles Einpacken und verstauen, dann das Auto mit dem Gepäck beladen, den Kühlschrank abschalten und im Schiff Aufräumen.
Und dann erfolgte die Abfahrt zurück nach Deutschland.

In zwei Wochen wollten wir zurückkommen, dann lag das nächste Teilstück der restlichen Strecke nach Savoyeux vor uns, wir kommen unserem Endziel immer näher.

Vom Gare d´ Eau zum Waldkonzert

Am vorletzten Wochenende im Oktober ging es dann mit Helga wieder nach Frankreich, um das Boot näher zum Hafen nach Savoyeux zu bringen. Die verbleibende Reststrecke zwischen Saint Jean de Losne und Savoyeux war nun deutlich geschrumpft und eigentlich sahen wir keine großen Schwierigkeiten mehr vor uns.

Das sollte zum Glück auch so bleiben.

Am Freitagabend waren wir nach Saint Jean de Losne angereist und schlichen uns nach dreiundzwanzig Uhr zum Boot, wir wollten niemanden zu so später Stunde stören. Aber auf den Holzstegen war das gar nicht so einfach. Zuerst das laue Summen vom Türöffner am Tor zur Steganlage, als der Zahlencode eingegeben wurde, dann das Klappern unserer Schritte auf den Holzbrettern auf dem Weg zur Ingrine.
Zum Glück kläffte nirgendwo auf den Booten ein Hund, das hätte uns sonst noch gefehlt.

Am folgenden Vormittag sind wir erst einmal mit dem Auto nach Savoyeux gefahren, um dort vor Ort den Liegeplatz endgültig abzuklären. Bisher lief der Kontakt mit dem Hafenbetreiber nur über eMail und wir kannten den Hafen nur von Bildern aus dem Internet.
Die Strecke dorthin war nicht so weit, mit dem Auto brauchten wir knapp eine Stunde dorthin. Der Port de Savoyeux war gut ausgeschildert, man konnte ihn gar nicht verfehlen, er lag direkt an einer kleinen Kreuzung zweier Landstraßen. Wir fuhren auf den kleinen Parkplatz vor dem Hafenbüro und stellten das Auto dort ab. Das Hafengebäude war zeitgleich das Büro einer kleinen Mietbootbasis, die hier von den Inhabern betrieben wurde, allerdings war auf

Grund der fortgeschrittenen Jahreszeit kein Betrieb mehr festzustellen. Wir betraten das Gebäude und waren dort alleine, niemand war zu sehen. Aus einem Nebenraum kam nach einiger Zeit eine Dame und begrüßte uns. Die Dame stellte sich als Monique vor und ich brachte unser Anliegen vor und bekam die Antwort, es sei alles klar und geregelt, man würde uns bereits mit unserem Boot erwarten. Ich schilderte ihr unseren derzeitigen Standort mit dem Boot und kündigte unser Eintreffen für den nächsten Samstag an, eine Woche werden wir wohl noch unterwegs sein, zumindest an den Wochenendtagen. Das sei überhaupt kein Problem, die Basis sei im Moment noch am Wochenende wegen der Mietboote besetzt, im Winter würde es ruhiger, dann käme man nur zur täglichen Kontrolle ins Büro.

Wir verabschiedeten uns dann von Monique und nutzen die Gelegenheit, um uns ein erstes Mal im Hafen etwas umzusehen.

Die Hafenanlage machte einen sehr schönen Eindruck und fast alle Plätze an den vier Pontons waren belegt. Hier lagen die unterschiedlichsten Boote vertäut, edle Luxusjachten waren neben ehemaligen Mietbooten festgemacht, dazwischen ein paar wenige Segelyachten. Parallel zum Ufer führte ein Steg entlang des Hafenbeckens und so konnte man zu den einzelnen Pontons gelangen. An Land war eine größere Halle, die als Werkstatt und als Magazin diente. Dahinter kam ein kleiner Seitenstreifen, der ebenfalls als Parkplatz genutzt wurde, etwas weiter waren zwei Boote zur Reparatur an Land aufgebockt.

Wir freuten uns sehr, für unsere *INGRINE* ein so gutes Zuhause gefunden zu haben. Eigentlich hätten wir uns die Autofahrt von Saint Jean de Losne nach Savoyeux sparen können, da uns von Monique versichert wurde unser Platz sei reserviert, aber wir wollten in dem Fall lieber auf Nummer sichergehen.

Nach dem Besuch im Büro und der kurzen Besichtigung der Hafenanlage von Savoyeux ging es mit dem Auto anschließend zurück nach Saint Jean de Losne. An einem Supermarkt hielten wir kurz an, um uns für das Wochenende mit den nötigsten Sachen einzudecken, wir hatten uns kaum Lebensmittel aus Düsseldorf mitgebracht. Schwupdiwupp wurden die Einkäufe im Auto verstaut und die letzten paar hundert Meter zum Hafen zurückgelegt. Dort wurde das Auto auf dem Parkplatz nahe beim Hafen abgestellt und an Bord alles andere für die Abfahrt vorbereitet. Das Stromkabel wurde eingerollt, Wasser aufgefüllt und dann waren wir soweit.

Kurz nach zwölf Uhr ging es dann endlich los. Leinen los, Saône wir kommen.
Die Hafenanlage Gare d´Eau war früher ein Flösserbecken, hier wurden Baumstämme für den Weitertransport Richtung Paris gesammelt. Das rechteckige Becken hat im Innern zwei Inseln, um eine davon muss man, da dort Einbahnstraßenregelung ist, herumfahren um den Hafen verlassen zu können.
So bekamen wir noch eine kleine Hafenrundfahrt dazu, völlig kostenlos.
Wie an den meisten Tagen unserer bisherigen Reise war auch an diesem Tag wieder bestes Wetter. Klarer blauer Himmel, kräftiger Sonnenschein, aber es ging ein leichter Wind und die Luft war schon deutlich kälter als bei unserer Abreise in Migennes vor ein paar Wochen. Von Herbst war hier sonst noch nicht viel zu spüren, die Bäume waren teilweise auch noch mit grünem Blattwerk versehen.
Die Hafenausfahrt lag an der Zufahrt zum Canal de Bourgogne und wurde durch eine kleine Brücke begrenzt. Dahinter lag an Steuerbord die Schleuse 76 und damit die Einfahrt in den Canal de Bourgogne. Wir folgten dort aber den Abzweig nach Backbord und steuerten die letzten zweihundert Meter auf den Fluss zu.

Wir waren schon ein bisschen Aufgeregt, was uns wohl dort gleich erwarten wird, bisher waren wir mit der Ingrine nur im Kanal herum geschippert und nun ging es auf einen richtigen Fluss heraus. Wenige Minuten nach dem Verlassen des Hafenbeckens waren wir zum ersten Mal auf der Saône. Der Fluss wirkte aus unserer Sicht gigantisch breit, waren wir doch bisher nur die schmalen Kanäle gewohnt. Es war leicht windig und dementsprechend war das Wasser kabbelig. Für uns neu und ungewohnt nach der langen Fahrt im ruhigen Kanal. Dennoch lag die Ingrine ruhig im Wasser, vom Auf und Ab in den Wellen war nicht viel zu spüren.

An Backbord passierten wir einen Ponton am Ufer, auf dem zwei Zapfsäulen installiert waren, die Flusstankstelle von Saint Jean de Losne. Vorbei ging es an an der Ufermauer liegenden alten ehemaligen Frachtkähnen und nach kurzer Strecke lag die Brücke von Saint Jean de Losne vor uns, die schon andere Abmessungen hatte, als die Bauwerke, die wir bisher vom Kanal her kannten.

Für mich war dies auch das erste Mal, das ich auf einem Fluss unterwegs war, alle bisherigen Touren waren ausschließlich auf Kanälen gefahren worden. Nach der Brückendurchfahrt lag an Backbord der Stufenkai von Saint Jean de Losne, der Quai National, an dessen Terrassen mehrere kleine Restaurants einladend auf Gäste warteten und die mit Sicherheit in Zukunft mit uns als Gäste rechnen durften.

Wir bewunderten dieses Idyll, hatten aber keine Zeit es zu genießen. Wenig später blieb die Stadt hinter uns zurück und wir waren auf der Saône alleine unterwegs.

Jetzt kam auch die Stunde der Wahrheit für uns und unser Boot. Langsam wurde der Gashebel nach vorne gelegt und die Ingrine beschleunigte recht gut. Bei fast zweitausendfünfhundert Umdrehungen erreichte das Boot eine Geschwindigkeit von vierzehn Stundenkilometern, damit war die maximale Leistung vom Boot ermittelt worden und es war gut diese zu kennen. Ich nahm dann nach einigen Minuten die Drehzahl wieder zurück und die Fahrt ging dann mit zehn bis zwölf Stundenkilometern weiter, diese Geschwindigkeit war auch vollkommen ausreichend für uns und die Drehzahl lag bei eintausendachthundert Umdrehungen, ein altes Boot ist ja auch kein Rennauto.

Die Saône, die uns von nun an auf dem restlichen Weg nach Savoyeux entgegenströmte, hatte tatsächlich wie in den Reiseführern beschrieben kaum Strömung und es lies sich sehr gut fahren, es machte richtig Spaß in dem nun klaren Wasser.

Ein paar Kilometer stromauf kam nach einer Flusskurve die Einfahrt in den Canal Rhône au Rhin, dem Rhein-Rhone-Kanal in Sicht. Bei diesem Namen dachte ich immer an eine breite Wasserstrasse für riesige Schiffe, wie sie auf dem Rhein verkehren, aber dem Einfahrtstor und den Beschreibungen im Kanalführer nach waren die Abmessungen nicht anders als auf dem Canal de Bourgogne. Hoch oben über der Schleusenkammer thronte ein futuristisches Bauwerk, an denen Kameras befestigt waren und den Schleusenwärtern eine gute Rundumsicht über die Schleusenanlage gewährten.

Für uns ging es an der Kanaleinfahrt vorbei weiter Richtung Norden und es folgte im Anschluss eine lange Strecke durch ein Waldgebiet. Die Spuren des kommenden Herbstes wurden hier allerdings immer deutlicher, auch wenn es dem Wetter nach im Moment noch etwas mehr nach Sommer aussah. Farbenprächtig zeigte sich die bunte Landschaft. Die Blätter hingen aber noch alle an den Bäumen, wir hatten noch etwas Zeit bis zum Herbst.

Etwa um 14:15 Uhr erreichten wir die Schleuse Auxonne, die erste Schleuse am heutigen Tag, sie war zeitgleich die erste Automatikschleuse für uns auf unserem weiteren Weg, hier auf der oberen Saône mussten wir die Schleusen von nun an selber bedienen.

Im Vorfeld war der Flussführer studiert worden, um die Funktion der Bedienung zu verstehen, aber es war alles recht einfach und simpel:

Über dem Fluss hing eine Stange, an der wurde gedreht und damit die Anmeldung an die Automatik weitergeleitet. Die Lichter an der Ampel beziehungsweise ein Blitzlicht an der Schleuse signalisierten uns, dass die Meldung angekommen war.

Nun setzte ich Helga am Ufer ab, damit sie die Taue annehmen konnte, sie sollte und wollte nicht die Leitern in den Schleusenkammern hochklettern. Mit einem CB-Funkgerät ausgestattet ging sie zur Schleuse und wartete auf meine Einfahrt, die nach dem grünen Ampelsignal nach wenigen Augenblicken erfolgte. Dann nahm sie oben die Taue an und warf mir eines auf das Deck des Bootes zurück, das andere hatte sie zu halten.

Nun wurde oben an einem Bedienstand eine blaue Stange angehoben und damit die eigentliche Schleusung ausgelöst. Eine Klingel ertönte schrill und kurz darauf schlossen sich die beiden Schleusentore hinter der Ingrine.

Noch einen Moment später wurde das erste Schütz aufgezogen und das Wasser strömte in die Kammer. Nun galt es, das Boot gut zu halten. In der Kammer schien das Wasser zu kochen und die Ingrine rollte nach vorne und dann nach hinten, wobei sie langsam vom steigenden Wasserstand nach oben getragen wurde. Vier Minuten später und fast zwei Meter höher beruhigte sich das Wasser wieder, ein Zeichen für das Erreichen des Endstandes. Helga kam nun wieder an Bord, da das Boot oben auf der Höhe der Mauer angelangt war. Der Schleusenvorgang war etwas wilder als der bisher gewohnte Ablauf am Kanal von Hand vom Schleusenwärter, aber dafür ging es auch flotter vorwärts. Wir hatten uns den Ablauf mit der Automatik etwas komplizierter vorgestellt.

Es ertönte erneut die schrille Klingel und das Schleusenobertor ging gemächlich auf, die Schleuse war fertig für die Ausfahrt. Vor uns lag ein etwa zwei Kilometer langer und gerader Stichkanal, der als Zuführung zur Schleuse von der Saône kurz hinter der Stadt Auxonne abzweigt, auf die wir nun zufuhren.

Im Kanal war ich nun wieder langsamer unterwegs als im Fluss, wer wusste, ob das jemand kontrollieren würde?

Am anderen Ende der Dérivation kam eine kleine Brücke unmittelbar vor einer Biegung, die sehr schlecht einzusehen war. Ich betätigte kurz das Signalhorn, aber es kam keine Antwort, also war wohl alles frei vor uns.

Hinter der Biegung lag links eine Werkstatt von VnF, dahinter kam dann erneut eine niedrige Brücke, die unter der Eisenbahnstrecke

führte, der Bahnhof von Auxonne befand sich auf der linken Seite von uns. Wir erreichten die Ausfahrt aus der Dérivation von Auxonne und kamen wieder auf den eigentlichen Fluss heraus. Das Fahrwasser führte an einem Teil der alten Festungsmauern von Auxonne entlang, an deren Eckpunkten kleine Türmchen zu sehen waren. Nach der Straßenbrücke führte uns der weitere Weg am Flusshafen von Auxonne vorbei, dessen Stege von nur einem Schiff belegt waren. Im Sommer sind hier wohl kaum freie Plätze zu bekommen, das konnte ich mir zumindest so vorstellen.
Ich nahm wieder etwas mehr Fahrt auf und wenig später passierten wir den neuen Hafen von Auxonne, der hier von der Firma H_2O angelegt worden war. Allerdings war der Hafen nach rasant kurzer Bauzeit erst vor wenigen Wochen in Betrieb genommen worden und lag nun zum Ende der Saison dementsprechend leer da.
Im nächsten Jahr werden hier wohl mehr Liegeplätze belegt sein.

    Und weiter ging unsere Fahrt die Saône hoch entlang einer Untiefe, die mit Tonnen im Fluss gekennzeichnet war. Es folgte wieder ein bewaldeter Uferbereich, später schlängelte sich der Fluss in mehreren Biegungen weiter Richtung Norden. Wir erreichten nach wenigen Kilometern die Neubaustrecke des TGV, die kurz vor der Schleuse von Poncey-lès-Athée die Saône über einer neuen Brücke kreuzt.

    Vor der Schleuse gab es ein kurzes Warten, nicht alle Tore waren sofort für uns bereit. Noch immer kam uns kein Boot entgegen, wir waren wohl um diese Jahreszeit bereits alleine auf dem Fluss unterwegs. Oberhalb der Schleuse führte uns unser Weg weiter durch Wald- und Wiesengebiete. Bald kündigten die beiden Doppeltürme der Kirche von Lamarche-sur-Saône den Ort an, hier gab es einen Campingplatz mit einem kleinen Haltepunkt oberhalb der Brücke von Lamarche. Mit zwei bis drei Booten konnte man dort bequem liegen, wohl auch ein gerne besuchter Platz. Vielleicht auch nur für eine Pause auf der Fahrt, zumindest lag hier ein Boot am Ufer und auf dem Campingplatz standen zwei Wohnmobile.

Wir hatten noch Zeit bis zum Tagesschluss und so fuhren wir weiter und erreichten nach einer halben Stunde Pontailler-sur-Saône. Vor der Straßenbrücke gab es einen Quai zum Anlegen für mehrere Boote, oberhalb der Brücke ging es links ab zu einem Bootsvermieter in einem kleinen Hafen.

Uns war es noch zu früh, um für die Nacht anzuhalten und so ging die Fahrt weiter, die nächste Schleuse von Heuilley sollte noch zu schaffen sein, es waren ja nur noch vier Kilometer bis dorthin.

Die Passage der Schleuse war wie bei den beiden anderen Schleusen zuvor genauso problemlos.

Nach der Schleusenausfahrt ging es oberhalb vorsichtig weiter, von links mündete der Canal entre Champagne et Bourgogne in die Dérivation. Die Dérivation machte einen nicht so schönen Eindruck und führte drei Kilometer an einem versumpften Waldstreifen vorbei. Viele Äste und Baumstümpfe ragten aus dem Wasser, etwas Obacht war beim Fahren geboten.

Dafür war die Ausfahrt aus dem Kanalstück in die Saône dann um so schöner, viele kleine Gärten lagen hinter dem Damm am Uferbereich, einer schöner als der andere, viele Blumen waren noch am Blühen und es sah alles sehr schön bunt aus.

Zurück auf der Saône waren im Kanalführer nach vier Kilometern zwei Haltepunkte vermerkt, einer davon sollte unser Nachtplatz werden, denn die nächsten geeigneten Stellen waren zu weit entfernt.

Mitten im Wald bei PK 260 kam ein einsamer Steiger für ein einzelnes Boot. Weit und breit gab es keine Häuser, nur der Wald mit seinen Bäumen. Gut dreihundert Meter weiter den Fluss hoch gab es einen weiteren Anleger, der sich Port Saint-Pierre nannte und zur Gemeinde von Presmes gehörte. Die Stadt selber liegt von dort aus gesehen gut drei Kilometer landeinwärts, nur eine Hinweistafel für einen Pizzaboten und einen Taxiservice gab einen Hinweis darauf. Hier von einem Hafen zu sprechen erforderte schon etwas an Phantasie.

Ansonsten gab es hier nur eine Abfalltonne und sonst nur Wald, Wald, Wald.
Wir schauten uns beide Liegemöglichkeiten an und entschieden uns für den unteren einsamen Steiger im Fluss. Falls tatsächlich am Abend noch ein weiteres Boot kommen sollte hatten wir unsere Ruhe, und die anderen Bootsfahrer auch.

Die Ingrine wurde gewendet und es ging das kleine Stück zum Steiger zurück. Im Fluss wurde die Ingrine gegen die Strömung ausgerichtet, dann erfolgte behutsam das Anlegen, das auf Grund der geringen Strömung der Saône nicht anders ablief, als wir es bisher im strömungsfreien Kanal gewohnt waren.

Alles halb so schlimm.

Die Ingrine wurde sicher am Steg vertäut und der Motor abgestellt. Uns beiden war klar, der heutige Tag war einer der schönsten, den wir fahrtechnisch bisher auf dem Boot zugebracht hatten. Das Bordbuch wurde herausgekramt und ich erledigte den heutigen Eintrag mit einem entsprechenden Kommentar.

Helga begab sich unter die Dusche und ich machte mich nach dem Schreibkram in der Pantry an das Abendessen. Beim Kochen mache ich mir gerne eine schöne Atmosphäre, ein Glas Rouge und gute Musik gehören selbstverständlich dazu. Also wurde ein Glas geschnappt und gut gefüllt, eine CD von den „Die drei Tenören" mit ihren größten Erfolgen in den CD-Player gelegt. Wegen einer technischen Störung ließ sich die Lautstärke nicht auf niedrige Werte einstellen, ich konnte das nur mit einem weiteren Glas Wein regulieren.
Nach dem Duschen und dem anschließenden Fönen kam Helga in den Salon dazu und fand sich mit dem Musikstück Nessun Dorma aus Turandot von Giacomo Puccini in der Opernarena wieder. Diese Art der Musik war Neuland für sie, aber sie hatte sich sehr

schnell dafür begeistern können. Viele der noch folgenden Musikstücke kannte sie zwar irgendwoher und kamen ihr auch bekannt vor, die meisten vermutlich als musikalischer Hintergrund aus Werbespots von Radio oder Fernsehen.

Und da außer unserem Boot und den vielen Bäumen nichts in der Nähe war, wurde Pavarotti & Co. zum eigentlichen Essen dann noch etwas lauter gestellt.

Wir gingen dann später noch einmal in Gedanken den Tagesverlauf durch, aber die Fahrt auf der Saône war wunderschön und die Benutzung der Automatikschleusen war wesentlich leichter, als wir es uns im Vorfeld vorgestellt hatten.

Gray, der Kreis schließt sich

Nach einer außer der Musik sonst ruhigen Nacht wurde am Sonntagmorgen sehr früh aufgestanden und gefrühstückt. Der Motor wurde wie üblich kontrolliert. Dazu gehörte eine Kontrolle des Öl- und des Kühlwasserstandes und der Seewasserfilter wurde herausgenommen und gereinigt. Da ich jetzt einmal dabei war ließ ich direkt das Wasser aus dem Motorkühlkreislauf ab und ersetzte es durch Kühlerfrostschutz, damit war der Motor für den kommenden Winter gewappnet.

Das Austauschen des Kühlwassers gegen ein Frostschutzmittel wollte der Mechaniker in Migennes eigentlich noch vor unserer Abfahrt dort gemacht haben, aber er hatte es schlichtweg vergessen. Aus Zeitgründen gab er mir am Tag vor unserer Abreise aus Migennes stattdessen einen vollen Kanister mit Frostschutz mit. Ich hatte ihm angeboten, den Austausch vom Kühlwasser selber vor dem Winter vorzunehmen, was damit nun erledigt war.

Danach ging es zeitig los, um direkt um neun Uhr an der ersten Schleuse zu sein, wenn der Betrieb laut Kanalführer wiederaufgenommen wurde. Vom Nachtplatz bis zur Schleuse schlängelte sich die Saône gut zehn Kilometer durch größtenteils bewaldetes Gebiet, unterbrochen von einigen Feldern und Weiden, die an einigen Stellen bis in das Wasser hineinragten.

Das Timing hatte gut gepasst, um 8:59 wurde die Ecluse von Apremont erreicht, diese ging bei Betätigung der Stange auch direkt für uns in Betrieb. Nach der Ausfahrt aus der Schleuse ging es oberhalb nach dreihundert Metern links wieder in den Flusslauf zurück. Einen halben Kilometer später führte die Saône an dem kleinen Örtchen Mantoche vorbei, hier gab es einen schönen Haltepunkt direkt hinter einem kleinen Schlösschen.

Eine gepflegte Wiese am Ufer des Anlegers und mehrere Trauerweiden rundete das Bild ab, ein wunderschöner Anlegeplatz. In der Saison wird man es wohl schwer haben, hier einen Platz zu bekommen.

Etwa zehn Minuten später kam uns ein einsames Mietboot entgegen und kündigte die Nähe von Gray mit seiner Mietbootbasis von LeBoat an. Wir erreichten um zehn Uhr zwanzig den ersten Hafen von Gray, der in der Karte mit *Le Martin Pêcheur* bezeichnet war. Dort gab es in einer Flusskurve einen Anleger mit Platz für sechs oder acht Boote.

Im Bereich der Stadt wurde die Saône oberhalb der Pont Neuf fast doppelt so breit wie zuvor. Am rechten Ufer gab es entlang des Flusses zahlreiche Liegeplätze, allerdings nach der Beschilderung her nur für Boote bis einen Meter Tiefgang. Im Hintergrund war die Brücke Pont de Pierre und die Barragé von Gray zu sehen. Auf der linken Seite, direkt unterhalb vom letzten Brückenbogen befanden sich die Schleuse von Gray und die Einfahrt dazu.
Die Einfahrt in die Schleuse und die Passage waren jedoch etwas schwierig, da an der Schleuse bereits gearbeitet wurde. Überall wa-

ren Baugerüste montiert und es gab einen schlechten Zugang von Land aus zur Schleuse selber.

Die Schleusung lief so wie mittlerweile gewohnt ab, hier gab es in der Schleusenwand auch mehrere Wandpoller, die uns das Führen der Taue erleichterten.

Gemütlich kam das Wasser in die Schleusenkammer und hob uns sanft nach oben, so hatten wir auch etwas Zeit, das Panorama von Gray zu genießen. Vermutlich verlief der Schleusenvorgang etwas entschärft ab, da die Schleuse unmittelbar bei der Mietbootbasis lag, hier kamen wohl viele Anfänger durch.

Nach der Ausfahrt kamen wir oberhalb am Stauwehr vorbei, am gegenüberliegenden Ufer befand sich etwas oberhalb die Basis von LeBoat.

Hier hatte ich mit meinen Söhnen vor einem halben Jahr das erste Mal ein Boot zum möglichen Erwerb besichtigt.

Wegen dem nahenden Ende der Bootssaison waren fast alle Boote im Hafen vorhanden und es war sehr voll, daher gab es hier keinen Platz mehr für uns, ich konnte zumindest keinen freien Platz am Ponton entdecken.

Das Team von LeBoat winkte uns vom Ufer her freundlich zu, man hatte wohl die Ingrine als altes Mietboot wiedererkannt. Schade, hier keinen Platz zu finden, dann geht es eben weiter, vorbei an der Basis von LeBoat.

Vierhundert Meter weiter oben kam ein Campingplatz mit einem alten Schwimmbad im Fluss, hier gab es einen weiteren Anleger auf unserem Weg. Ein einziges Boot, die RONFLEUR, lag hier an der Steganlage.

Dort wollten wir angelegen. Eigentlich war geplant, bei LeBoat unterzukommen, aber durch die Belegung mit deren eigenen Booten war ja dort kein Platz gewesen. Die Haltung am Schwimmbad sah nicht besonders sicher aus, überall lagen Steine und Betonbrocken im Wasser.

Patrick Hargous bot mit seinem Boot RONFLEUR von hier aus Ausflugsfahrten an und betreute den Halteplatz nebenher als

Hafenmeister. Er kam aus seinem Boot heraus und hatte uns einen besseren Platz zugewiesen und uns auch anschließend beim Anlegen geholfen.
Das würde er nur bei Privatfahrern machen, Touristen, also Mietbootfahrern, helfe er nicht gerne, wie er uns ausführlich erklärte.

Hier war nun Endstation für dieses Wochenende, da mein Auto noch für die Rückfahrt nach Düsseldorf von Saint Jean de Losne nachgeholt werden musste.
Ich fragte Patrick nach einem Taxistand und er hatte sich dann direkt angeboten, uns nach Saint Jean zu fahren, damit wir dort unseren Wagen holen konnten.
Ein Angebot, dass wir gerne angenommen hatten. Die INGRINE wurde sicher vertäut und der Stromanschluss gelegt. Kurz darauf waren wir soweit und es konnte losgehen.

Es wurde eine lustige und interessante Fahrt, da Patrick auf der Fahrt von Monsieur le Président persönlich den Weg erklärt bekam.

Bei uns gibt es die Navigationsgeräte nur mit Schauspielerstimmen wie Bruce oder Ali, aber hier war es le Président persönlich, der uns riet, am nächsten Kreisverkehr die dritte Ausfahrt zu nehmen.

Wir hatten uns die ganze Fahrt zurück nach Saint Jean gut unterhalten. Patrick hatte sich beim Gespräch sehr viel Mühe gegeben und mir Zeit gelassen, damit ich auch alles verstand und dann auch noch für Helga übersetzen konnte. Das war eine sehr gute Übung für mich, ich kam wieder gut mit der französischen Sprache zurecht.
Man hatte leider in der Vergangenheit so viel vergessen, wenn man eine Sprache einige Jahre nicht benutzt.
Patrick setzte uns in Saint Jean de Losne am Hafen ab und benutzte die Gelegenheit dazu, hier noch einen Freund zu besuchen. Wir verabschiedeten uns von ihm und sind mit unserem Auto zurück nach Gray gefahren. Dort wurden unsere Sachen gepackt, es ging

nun wieder zurück nach Düsseldorf, da das Wochenende sich dem Ende näherte.

Patrick hatte uns versprochen, in der folgenden Woche ein Auge auf unseren Dampfer zu halten, hier konnten wir die INGRINE beruhigt zurücklassen, so kurz vor unserem Endziel, dem Port de Savoyeux.

Wie im Fluge verging die folgende Arbeitswoche und am nächsten Samstag war es dann endlich wieder soweit, es ging zurück nach Frankreich für den Abschluss unserer großen Überführungstour.

In den frühen Morgenstunden, fast noch in der Nacht, erfolgte die Abfahrt von Düsseldorf und zeitig am Vormittag trafen wir in Gray an. Bevor es zum Boot ging waren wir direkt zum Supermarkt gefahren, um uns dort mit den Lebensmitteln für das Wochenende einzudecken.

Wir liebten es mittlerweile, uns in Frankreich vor Ort frisch zu versorgen anstatt uns unsere Lebensmittel aus Deutschland mitzubringen.

Nach dem Einkaufen ging es dann zum Haltepunkt am Schwimmbad, wo uns Patrick bei unserer Ankunft an der INGRINE mit dem Schiffshorn seiner RONFLEUR freundlich begrüßte.

Wir hatten für Patrick als kleines Dankeschön für die Bewachung der INGRINE während der vergangenen Woche eine kleine Aufmerksamkeit aus Düsseldorf mitgebracht und nach freundschaftlicher Begrüßung hatten wir ihm das Mitbringsel übergeben. Darüber war er freudig überrascht und hatte sich sofort angeboten, uns beim Transfer mit dem Auto nach Savoyeux wieder behilflich zu sein.

Kurz wurde abgesprochen, wie es am besten zu machen sei und kamen zu dem Schluss, es sei am einfachsten, er würde mit unserem

Auto hochfahren nach Savoyeux und wir würden ihn dann anschließend nach Gray zurückfahren.
Wir ließen also Auto und Schlüssel bei Patrick in Gray zurück, der uns das Auto dann später am Nachmittag nach Savoyeux bringen wollte.

Unsere paar Einkäufe und unsere Tasche für das Wochenende wurden im Boot verstaut, anschließend wurden Heizung und Kühlschrank in Betrieb genommen und ruckzuck wurde es wohnlich an Bord der *INGRINE*.
Nach dem Mittagessen ging es dann endlich los auf die letzte Etappe vor dem Winterquartier, dem Hafenplatz in Savoyeux, der auch vorerst unser Heimathafen werden sollte.
Der Motor der *INGRINE* wurde gestartet und sprang sofort an, so als ob er erst am Tag zuvor hier ausgestellt worden war. Die Stromverbindung zum Land wurde getrennt, das Kabel eingerollt und an Bord verstaut. Matrose Helga wurde über meine Absichten für den Ablauf des Ablegens quer zur Strömung instruiert und anschließend wurden die Festmacher gelöst und dann auf mein Kommando hin eingeholt. Das Boot wurde vorsichtig rückwärts vom Anleger in den Fluss manövriert, nach Norden gedreht und auf ging es auf die letzte Etappe nach Savoyeux. Der Tag war zwar trocken, aber teilweise war es dicht bewölkt und es sah eher nach Regen als nach Sonnenschein aus.
Schade, wir hätten uns über Sonnenschein auf dem letzten Stück unserer Reise sicher gefreut.
Gemütlich verließen wir den Haltepunkt am Schwimmbad und machten noch einige Fotos von Gray, das langsam hinter uns kleiner wurde. Etwa einen halben Kilometer oberhalb vom Schwimmbad kam ein großes Silo und ein Teil einer alten Hafenanlage. Kurz darauf machte die Saône einen Bogen von Neunzig Grad nach Steuerbord und damit verschwand der größte Teil der Stadtansicht hinter Bäumen aus unserem Blickfeld. Entlang des Ufers befanden sich noch ein paar Schrebergärten, dann war die Stadt auch dort zu

Ende. Von nun an fuhren wir wieder auf der naturbelassenen Saône, die sich in einen weiten Bogen Richtung Norden wandte. Dem Flussbogen folgte auf dem weiteren Verlauf eine Engstelle im Fluss, an der wir nach Backbord wechseln und dicht unter Land fahren mussten. Die Fahrrinne war hier mit Tonnen abgesteckt und führte an einer Sandbank vorbei. In diesem Bereich war die Passage sehr schmal und hier hätte uns kein anderes Boot entgegenkommen dürfen.

Hier fiel uns nun auch erstmalig bewusst auf, dass die Saône seit Saint Jean de Losne merklich schmaler und kleiner geworden war. Dem Kartenmaterial nach fuhren wir auf der kleinen Saône, wie die Saône oberhalb ab Auxonne genannt wird, aber hier, so war unser Eindruck, war dieser Name erstmalig richtig.

Entlang von Wäldern und Feldern führte uns unsere Fahrt weiter nach Prantigny, dort spannte sich eine schöne alte Metallbrücke über die Saône. An den Brückenbögen und an den Streben konnte man hunderte von Nieten sehen, mit denen die Brücke gebaut wurde und die sie immer noch zusammenhielten.

Der Himmel wurde mehr und mehr bedeckt und grau, aber die Vorfreude auf die Ankunft im Hafen ließ uns das kaum bemerken, wir genossen die letzte Etappe unserer Fahrt in allen Zügen. Nach der Brücke folgten oberhalb von Prantigny wieder bewaldete Abschnitte, die deutlicher an den Herbst erinnerten als die Waldstücke kurz vor Gray vor einer Woche.

Seit unserer letzten Etappe von Saint Jean de Losne nach Gray war gerade eine Woche vergangen, aber nun lies sich der Herbst partout nicht mehr leugnen. Das Laub in den Bäumen der Wälder entlang der Ufer hatte deutlich sein Aussehen verändert und schillerte nun in allen möglichen Farben, rot, braun, gelb, grün, alles war vertreten, ein schönes und buntes Bild wie von einem perfekten Indian Summer.

Ein paar Kilometer stromaufwärts passierten wir das Strandbad von Autet, das an Backbord lag. Ein schönes Naturschwimmbad mit einer riesigen Liegewiese, die in einen breiten Sandstreifen am Ufer

überging. Das Strandbad ist im Sommer bestimmt ein gut besuchter Platz.
Nach wenigen Kilometern folgte abermals eine enge Flussbiegung um neunzig Grad nach Steuerbord. Danach schlängelte sich die Saône durch mehrere unübersichtliche Kurven entlang eines kleinen Waldes und anschließend entlang einiger Weiden. Wir näherten uns der Schleuse Nummer dreizehn, die ein paar hundert Meter vor uns auf der linken Seite zu sehen war. Die Schleuse war die letzte Schleuse vor unserem endgültigen Zielhafen und lag unmittelbar vor der Einfahrt zum Tunnel von Savoyeux, dahinter hatten wir es dann geschafft.

Ich setzte Helga in gewohnter Manier vor der Schleuse am Warteponton ab, da hier keine Automatikschleuse im Kanalführer angegeben und keine Stange über dem Fluss zu sehen war. Helga kletterte die kleine Leiter hoch und marschierte mit CB-Funkgerät ausgerüstet los Richtung Schleusenwärterhäuschen, um die Lage dort zu erkunden und zu sehen, ob ein Schleusenwärter vor Ort sei. An der Schleuse angekommen überraschte sie den armen Mann an seinem Kontrollstand, der vor Schreck fast einen Herzanfall bekam, wie sie mir später berichtete. Er hatte die Ankunft der *INGRINE* vor der Schleuse nicht bemerkt und über Helgas Erscheinen am Kontrollhaus war er so erschrocken aus seiner Lektüre gerissen worden, dass es uns nachher leidtat.

Hoffentlich war es kein gruseliger Roman gewesen.

Die Ampel für die Einfahrt in die Schleuse wurde auf grün gesetzt und ich nahm mit der *INGRINE* Fahrt auf. Vom Fluss bog die Einfahrt rechtwinklig nach Bachbord ab und nun war die Schleusenkammer einsehbar. Mit drei Metern einundsechzig war der Schleusenhub recht hoch, die Poller waren von unten vom Boot aus weder einsehbar noch zu erreichen. Vom Schleusenwärter wurde mir ein Bootshaken nach unten gehalten und er nahm nach meiner

Einfahrt in die Schleusenkammer die Taue an, somit hätte Helga auch an Bord bleiben können, wenn der Schleusenwärter uns vorher bei unserer Anfahrt bemerkt hätte.
Die Schleuse selber machte einen modernen Eindruck und es ging rasch nach oben. Dort kam das Prozedere mit der Kontrolle des Bootes. Die Nummer und der Name der *INGRINE* wurden erfasst, und dann kam die Frage ob wir noch weit fahren würden.

„Nein, wir wollen in den Hafen von Savoyeux, dort solle das Boot vorerst seinen Heimathafen finden".

Von unserem neuen Hafenbetreiber waren wir beim Schleusenwärter angemeldet worden, der uns auch bereits erwartet hatte und er fragte nach, ob wir dieses Boot seien. Ich bejahte dies und bedankte mich mit einem kleinen Trinkgeld für die Hilfe bei den Festmachern und Entschuldigte uns noch einmal für das plötzliche Erscheinen von vorhin. Er aber winkte ab, hier sei es eben um diese Jahreszeit schon sehr ruhig. Dann gab er unsere Ankunft und die Einfahrt in den Tunnel und das Passieren der Schleuse telefonisch zum Hafen weiter, sodass wir auch dort nachher direkt in Empfang genommen werden konnten.

Ein Service, über den wir uns sehr gefreut hatten.

Helga begab sich wieder mit an Bord uns es konnte auf den letzten Kilometer gehen. Die Taue wurden gelöst und behutsam ging es aus der Schleuse heraus in ein kurzes Stück Kanal, dass uns zu dem dahinterliegenden Tunnel führte. Die Ampel an der Tunneleinfahrt war auf grün gestellt worden und so konnte die Fahrt ohne zusätzlichen weiteren Stopp weitergehen.

Die anschließenden sechshundertvierzig Meter Fahrt durch den Tunnel von Savoyeux waren fast ein Klacks für uns nach der ganzen gesamten Tour. Der Tunnel von Pouilly am Canal de Bourgogne vor einigen Wochen war um einiges länger gewesen.
Im Tunnel war die Strecke gut beleuchtet, machte aber insgesamt einen nicht sehr guten Eindruck. Die Tunnelwände wie auch die Ein- und Ausfahrt vom Tunnel sahen sehr baufällig aus, die Mauersteine sahen alle sehr bröckelig aus. Nach der Passage des Tunnels wurde die Fahrrinne wieder deutlich breiter und es folgten etwa vierhundert Meter Kanalstrecke bis zur Straßenbrücke der D 5 von Seveux nach Savoyeux, dahinter erschien auf der linken Seite das Hafengebäude und dahinter lag der Hafen.

Und tatsächlich, wir wurden dort am Hafenbüro erwartet. Ein Mitarbeiter stand draußen vor dem Gebäude und winkte uns zu, wir sollten weiter durchfahren. Er begleitete uns auf einem dem Land parallel verlaufenden Steg und winkte immer mal wieder, sodass wir genau wussten, wie weit wir noch zu fahren hatten. Am letzten Steg wurden wir herein gewunken, und dort, fast am anderen Ende des Pontons, direkt an der vorletzten Stelle vor Land, wartete unser Liegeplatz Box auf uns.

Ich lenkte die *INGRINE* zwischen die Stege hinein in das Hafenbecken und stoppte das Boot auf Höhe der Box ab. Kurz wurde von mir die Lage gepeilt, sprich ich verschaffte mir eine Übersicht über die Lage und dann wurde das Boot auf der Stelle passend gedreht. Ganz behutsam ging es vorsichtig Rückwärts in die Box und an den Steg, dem neuen Zuhause der *INGRINE*.

Haben wir je im Leben etwas Anderes gemacht als mit einem Boot zu fahren??

Der Hafenbetreiber selber war in der Zwischenzeit auch noch dazu gekommen und half dabei, die Festmacher anzunehmen und zu belegen.

Wir wurden freundlich mit Handschlag begrüßt und es wurde uns grob erklärt, wo wir was hier im Hafen vorfinden würden. Das Kabel für den Landstrom wurde verlegt und angeschlossen, und dann hieß es Maschine aus.

Wir sind dann direkt mit zum Büro gegangen um den Papierkram für unsere Anmeldung zu erledigen. Im Büro lief alles recht entspannt ab.
Man sei ein Familienbetrieb, wurde uns erklärt, und es würde hier alles sehr locker ablaufen. Die Anreden würden mit den Vornamen erfolgen, wenn wir dies möchten, erklärte die Chefin und stellte sich als Monique vor, ihre beiden Söhne Roman und Stephan betreuten Werft und Büro, wir fühlten uns hier sofort willkommen und heimisch.

Unsere Bootspapiere wurden kopiert, ebenso der Versicherungsschein der *INGRINE*, unsere Anschriften und die genauen Kontaktdaten wurden erfasst und uns verschiedene Zahlungsmöglichkeiten für unterschiedliche Abrechnungszeiträume angeboten und ermöglicht, ganz wie es uns recht sei.
Ich hatte dann sofort den Hafenplatz für das kommende nächste Jahr gebucht und per Kreditkarte bezahlt, so problemlos wie ich es immer von Frankreich her gewöhnt war.

Alles Perfekt.

Neben dem Hafenbetrieb wurden von der Familie auch ein Bootsverleih und eine eigene Werft für Reparaturen betrieben, entsprechend umfangreich war der Service vor Ort. Von Monique wurde uns die Option angeboten, die *INGRINE* über die Werft für den Winter vorbereiten zu lassen, der genannte Preis dafür war in meinen Augen human, dafür konnte ich die eingeschlossenen Arbeiten kaum selber machen und so ließ ich die *INGRINE* mit auf die Liste der Boote für die Einwinterung stellen.

So endete das große Abenteuer der Überführung der *INGRINE* von Migennes nach Savoyeux für uns am Samstag, dem 30. Oktober 2010, exakt zwei Tage, bevor wegen der jährlichen Wartungen und Reparaturen der Betrieb im oberen Teilstück der Saône für einen Monat am ersten November eingestellt wurde.

Da der erste November bei uns in Deutschland ein Feiertag war, hatten wir noch zwei Tage Zeit dazu, uns hier im Hafen einzugewöhnen und um noch ein paar Kleinigkeiten am Boot zu reparieren und um uns hier heimisch zu fühlen.

Patrick von der *RONFLEUR* war in der Zwischenzeit mit meinem Auto vor dem Büro angekommen, als wir dort zum Einklarieren waren und wir fuhren ihn nach dem Papierkram direkt nach Gray zurück. Wir verabschiedeten uns von ihm und waren uns sicher, dass wir uns im nächsten Jahr auf der Saône öfters begegnen würden. Danach ging es das kurze Stück zurück zum Hafen und dann konnte der Feierabend für den heutigen Tag kommen. Die Unterlagen für die Fahrt wurden beiseite geräumt und das Bordbuch geschrieben. Derweil war Helga mit dem Aufräumen in der Pantry beschäftigt, bevor es an das Abendessen ging. Zum Abschluss des Tages ging es noch einmal raus an Land, der Hafen wurde noch etwas erkundet, wir waren ja jetzt hier zu Hause.

Am folgenden Sonntag war es nur so am Regnen. Da hatten wir mit dem letzten Teilstück der Fahrt noch richtig Glück gehabt, dass wir hier trocken angekommen waren. Bei den Schleusungen war es bei Regen draußen an Deck nicht nur ungemütlicher, sondern wegen der Rutschgefahr auf dem Deck auch etwas gefährlicher, nur allzu leicht konnte man sich dort langlegen.

Wir nutzten die Zeit dazu um noch weiter Aufzuräumen, im Boot ging es an das Verstauen von vorerst nicht mehr benötigter Sachen und vor allem ans gründliche Reinigen, dafür hatten wir auf

den letzten Etappen unserer Reise keine richtige Zeit oder Gelegenheit mehr gehabt.
Zwischen dem Schiebdach und der vorderen Windschutzscheibe war im Laufe der Zeit ein kleiner Schiefstand aufgetreten, die Spaltmasse links und rechts waren unterschiedlich groß und das Dach konnte nicht mehr richtig verschlossen werden, es entstand auf einer Seite ein Zentimeter breiter Spalt. In Migennes hatte ich das noch mit dem Mechaniker besprochen, er meinte damals, ein Zahn der Antriebskette sei vermutlich übergesprungen und das sei der Grund für die unterschiedlichen Abstände links und rechts, man könne dies aber leicht richten, indem man die Kette um einen Zahn versetzt neu auflegt.

Also ran an das Werkzeug und auf geht es. Ich nahm im Salon eine Abdeckung ab und legte so den Kettenantrieb frei. Zuerst musste ich mir die Mechanik genauer ansehen, um die Funktion überhaupt erst einmal zu verstehen. Der Antrieb wurde blockiert und nun konnte ich schnell und problemlos mit den Kettenspannern die Unterschiede ausgleichen. Somit schloss das Dach wieder so wie nach dem Bau des Bootes, beim anhaltenden Dauerregen hätte sich das eventuell bemerkbar gemacht.

Weitere Punkte auf meiner Merkliste wurden abgearbeitet. Das Frostschutzmittel im Kühlwasser des Motors wurde gemessen und war mit -17° vorerst ausreichend, beim nächsten Besuch am Boot soll das noch verbessert werden.
An den hinteren Fenstern im Bad sammelte sich innen Wasser, die Dichtungen außen müssen ausgebessert werden, aber das konnte man jetzt beim Regen schlechtmachen.

Der Montagmorgen empfing uns als klassischer Novembertag mit Nebel, der sich nach zehn Uhr aber allmählich verzog. Zurück blieb ein blauer Himmel mit Sonneschein und vereinzelten Wolken, die über dem Himmel vorbeizogen. Das war heute das perfekte

Wetter, um die Fenster von Außen neu abzudichten, also wurde dies in Angriff genommen.
Nach dieser Arbeit wurden die vorderen Festmacher gegen andere Taue ausgetauscht, die wir in Migennes noch zur Reserve mitbekommen hatten. Nach der Plackerei standen wir auf dem Steg vor dem Boot und betrachteten unsere Arbeit. Helga hatte am Nachmittag zuvor noch das Deck vom Boot abgeschrubbt, das sah nun wieder etwas besser aus, aber die graue Farbe der Lauffläche wird uns wohl auf Dauer nicht gefallen können, ebenso wenig wie die braune Farbe des Schiebedaches. Aber das waren nun wirklich Arbeiten, die wir ins nächste Frühjahr verlegen konnten.
Für uns galt es langsam, die von nun an nicht mehr benötigten Sachen zu verpacken und zu verstauen und alles für den Winter vorzubereiten. Der Motor und das Kühlsystem wie auch der Wassertank würden in den nächsten Tagen von der Werft eingewintert, darum brauchten wir uns zum Glück nicht bemühen.

Ich schnappte mir die letzten noch gefundenen Zettel und meine anderen Notizen und machte mich an die restlichen Eintragungen ins Logbuch und zog somit Bilanz unserer großen Tour :

Mit der *INGRINE* wurde eine Strecke von dreihundertzweiunddreißig Kilometern von Migennes nach Savoyeux zurückgelegt, auf der einhundertsiebenundneunzig Schleusen und zwei Tunnels an fünfzehn Tagen mit achtundachtzig Motorbetriebsstunden durchfahren wurden.
Ein Unterfangen, dass wir uns im Vorfeld kaum zugetraut hatten, aber es kommt immer alles anders als man denkt.

Im Boot wurde der Kühlschrank ausgeräumt und abgeschaltet, die Wasseranlage außer Betrieb genommen und das Gepäck sorgfältig ins Auto verstaut. Nach vierzehn Uhr traten wir dann mit etwas Wehmut die Rückreise nach Düsseldorf an, der kommende Winter wird lang und wer konnte ahnen, wann wir das nächste Mal hier an Bord auf der *INGRINE* sind.

Dafür hatten wir noch keinen Plan und für die nächste Zeit auch noch keinen Entschluss gefasst. Einzig unsere Liste mit Verbesserungen und Änderungswünschen und die daraus erstandene Einkaufsliste wurden immer länger.

Einen Plan für die Elektroanlage hatte ich allerdings schon parat. Die Zwölf Volt Anlage musste unbedingt an einigen Stellen erneuert und geändert werden. In den letzten Tagen waren uns immer wieder diverse Sicherungen durchgebrannt, da die Halterungen der Sicherungen brüchig waren. Außerdem waren einige Leitungen marode, die wollte ich unbedingt bei nächster Gelegenheit erneuern.

Und an Bord wollte ich in naher Zukunft unbedingt eine Zweihundertdreißig Volt Anlage einbauen, damit das ständige Auslegen von einem Verlängerungskabel in der Kabine endlich aufhört und die vielen Verteilersteckdosen endlich verschwinden können. Auf diese Weise konnte im Frühjahr keine Langeweile aufkommen.

Mal sehen, was in den nächsten Wochen kommt und was uns die Zukunft bringt.

Winter in der Franche-Comté

Die Rückreise nach Düsseldorf verlief unspektakulär, allerdings war die vom Navi angebotene Strecke einfach zu lang, fast eineinhalb Stunden von Savoyeux bis zur Autobahn, und dann noch die ganze Strecke zurück. Das müsste besser zu machen sein, das hatte ich im Gefühl, da wird wohl eine Landkarte befragt werden müssen.

Zurück in Düsseldorf wurde in der nächsten Zeit die Einkaufsliste in eine Bestellliste umgearbeitet. Einige der benötigten Sachen konnte ich Online im Internet bestellen, für andere Artikel wurden die Baumärkte in der Nachbarschaft abgeklappert. Zum Glück gab es in Düsseldorf eine größere Auswahl davon.

Derweil stapelten sich in meinem Arbeitszimmer die Kartons mit diversen Bauteilen, Schaltern und mehrere Ringe mit Stromkabel für die unterschiedlichsten Verwendungszwecke. Zeitgleich kribbelte es immer mehr in unseren Fingern und es war nur eine Frage der Zeit, wie lange wir es noch aushalten würden.

Ganze zehn Tage ging es gut, dann stand fest: es geht wieder nach Frankreich zum Boot. Gesagt, getan. Mein Arbeitszimmer wurde leerer, dafür umso voller der Kofferraum von meinem Auto. Die Arbeitswoche war um und am Freitagnachmittag ging es zwei Wochen nach unserer Ankunft in Savoyeux mit dem Auto erneut zum Boot nach Frankreich. Diesmal führte uns der Weg aber über eine andere Route, die ich zu Hause mit der Landkarte zusammenstellen konnte. Anstatt den großen Bogen über die Autobahn über Koblenz nach Trier zu fahren bog ich hinter Köln rechts ab und folgte der A 1 über Euskirchen hoch in die Eifel. Dort endete die Autobahn allerdings zwei Mal und es ging dort über eine recht gut ausgebaute Landstrasse weiter vorbei an Bitburg und dann Richtung Trier. Vor Trier kam ich wieder an die bisherige Autobahnstrecke, die uns nach Luxemburg führte. Der weitere Verlauf über Metz, Nancy und Langres war derselbe Streckenverlauf wie zuvor, allerdings ging es später links ab über kleinere Dörfer weiter. So kamen wir in Dampierre-sur-Salon aus und hatten Zeit und Kilometer gespart. Von hier waren es noch knappe fünf Kilometer über einen Höhenzug zu fahren und spät am Abend, kurz vor dreiundzwanzig Uhr waren wir am Boot. Das Auto wurde am Parkstreifen neben dem Boot abgestellt und das nötigste Gepäck für den Abend und die Nacht an Bord getragen. Die erste Handlung an Bord bestand darin, die Heizung einzuschalten, es war doch recht kühl im Boot und alles wirkte feucht oder klamm, wie wir im Rheinland das beschreiben. Zwei bis dreimal pendelten wir zwischen Boot und Auto hin und her, dann waren die Gepäckstücke, die Kühltasche und einige Kartons mit Werkzeugen und Ersatzteilen an Bord.

Mittlerweile war es auch schon deutlich angenehmer an Bord geworden, nun fühlten wir uns wieder wohl auf unserer *INGRINE*. Helga hatte in der Zwischenzeit den Backofen angeworfen und zu später Stunde gab es eine Pizza als Abendessen, die wir uns aus Düsseldorf mitgebracht hatten. Es wurde noch viel erzählt an diesem Abend, dabei wurde auch das eine und andere ausgepackt und platziert, und ehe wir uns versahen war es fast zwei Uhr morgens.

Nun aber rasch in die Kojen, am Morgen gibt es viel zu tun.

Erstaunlicherweise waren wir am nächsten Morgen zeitig auf und fühlten uns auch ganz gut nach dieser kurzen Nacht. Die mitgebrachte neue Kaffeemaschine durfte ihren Probelauf starten, den sie erfolgreich meisterte. Draußen war es kühl, alles wirkte leicht frostig, ein anderes Bild als noch vor wenigen Tagen. Der Himmel war klar und es zogen nur vereinzelte Wolken durch. Im Boot war es mollig warm, an den Seitenscheiben zog es aber etwas und wir hatten sehr viel Kondenswasser an den Scheiben im Boot, das wir mit Tüchern ständig aufzufangen versuchten. Die Werft hatte in der Zwischenzeit die *INGRINE* in den Winterschlaf versetzt, daher hatten wir auch keine Wasseranlage mehr an Bord in Betrieb und mussten uns nun mit Kanistern behelfen, die wir vorsorglich mit Wasser gefüllt mitgebracht hatten. Campingerfahrung. Bei Kaffee wurde der Schlachtplan für den Tag festgelegt. Zuerst müssen wir nach Dampierre fahren, um uns für das Wochenende mit Lebensmitteln einzudecken, dann konnte es an Bord losgehen.

Gesagt, getan. Kurz vor neun Uhr ging es mit leeren Einkaufstaschen zum Auto und nach etwa einer Stunde mit gefüllten Tüten wieder zurück zum Boot. Dort wurde alles an seinen Platz verstaut und der Kühlschrank hatte anschließend auch nicht mehr ein so großes Echo, wenn man die Türe öffnete und hineinrief.

Das Wetter war für einige Basteleien hervorragend und so wurde losgelegt. Ganz oben auf der Liste stand die Stromversorgung im Boot. An mehreren vorher festgelegten Stellen wurden Doppelsteckdosen angebracht und die Leitungen dorthin gezogen. Helga half dabei und hatte mittlerweile Übung darin, den Zugdraht zu ziehen und die Leitungen zu führen, die wir in alle Richtungen im Boot verlegten. Den meisten Aufwand bereitete die Hauptleitung vom Gaskasten bis nach vorne in den Salon, da wir am Dieseltank vorbeimussten, was aber nicht so einfach war. Um überhaupt einen Überblick zu bekommen, wo ich am besten die Leitung verlegen konnte, musste ich die Seitenverkleidung am Tank entfernen. Dazu wiederum war die kleine Treppe am Eingang im Weg. Kurzum, es sah nach kurzer Zeit im Boot aus wie auf einer Baustelle. Mit der Hauptleitung nach achtern wurden auch direkt die Versorgungsleitungen für die hintere Kabine und das Bad verlegt, wenn schon einmal alles offengelegt worden war.

Einen guten Nebeneffekt hatte die Freilegung des Tankes auch noch gehabt. Wir hatten jedes Mal, wenn wir an Bord kamen, den Dieselgeruch in der Nase und dies als normal abgetan. Der freiliegende Tank sprach aber eine andere Sprache. An einer der unteren Anschlussleitungen am Tank war ein leichter Ölschmier feststellbar, der darunterliegende Holzbalken, der seitlich den Tank stütze, war damit durchnässt. Mit Putzwolle wurde alles gesäubert und gereinigt und die Verschraubung der Anschlussleitung angezogen, bis der Nässefilm versiegte. Die Zukunft sollte zeigen, dass das Problem und der Geruch damit Vergangenheit waren.

Nach dem Abdichten des Tankes konnten wir uns wieder unserer ursprünglichen Aufgabe widmen. Die Stromleitungen wurden oberhalb vom Tank verlegt und befestigt. Jetzt konnten die Verkleidung vom Tank und der Einstieg wieder an seinen alten Platz zurück. Die Hauptleitung wurde seitlich im Bad entlang der alten und stillgelegten Gasleitung vom Kühlschrank gelegt und befestigt.

Nun kam das Kommando Jacken an und es ging nach draußen für den Abschluss der Arbeiten. Die Landstromsteckdose sollte hinten im Bereich des Gaskastens angebracht werden. Dazu musste ein größeres Loch in die Außenwand gefräst werden, um die Anschlusseinheit aufzunehmen, die ich im Vorfeld in Deutschland gekauft hatte. Aber das war leichter gesagt als getan. Die Bordwand war doch recht dick und es brauchte eine ganze Weile, bis die benötigte Größe vom Durchbruch vorhanden war. Nachdem die Einheit eingebaut war wurde alles genauestens betrachtet, aber wir waren zufrieden mit unserem Werk. Nun kam noch der Rest dran, der Sicherungskasten, der an zentraler Stelle im Salon für die Zweihundertdreißig Voltanlage angebracht wurde und die Leitungen, die dort aufgeschaltet werden sollten.

Aber da alles gut vorbereitet war ging auch dieser Teil der Arbeit flott von der Hand. Irgendwann am späten Nachmittag war es dann soweit. Das provisorische Stromkabel, das immer im Salon herumhing, wurde entfernt und das vorbereitete Landstromkabel wurde in die Steckdose am Steg und in den Landstromanschluss am Boot eingesteckt. Nichts knallte, nichts qualmte und in den Dörfern in der näheren Umgebung der *INGRINE* ging auch nirgendwo das Licht aus und die Metro in Paris blieb auch nicht stehen.

Zufrieden konnten wir die restlichen Stromkabel an Bord zusammenrollen und in einer Ablage unter der zwölf Volt Verteilung verstauen, die ich dafür vorgesehen hatte. Somit sah es im Salon auch wieder etwas normaler aus.

Bis zum Abendessen war es noch eine Weile hin und was macht man, damit keine Langeweile aufkommt?

Genau. Man sucht sich etwas Anderes zum Schrauben. Zum Glück gibt es davon genug an Bord.

Ach ja, irgendwo hatte ich doch eine Lampe hingetan, die ich für den Salon vorgesehen hatte, wenn dort das Stromnetz eingebaut worden ist. In der hinteren Kabine, die derzeit aussah wie eine Rumpelkammer und als Kellerraum zweckentfremdet worden war, wurde ich fündig. In einem der Kartons war die Lampe verstaut, die nun ihren Platz an der Decke im Salon fand. Der dazu nötige Stromschalter wurde über dem Sicherungskasten montiert und wenig später erhellte die Lampe unseren Salon.

Bei der Gelegenheit hatte ich auch den Karton mit einem Bürostuhl in den Fingern, der nun zusammengebaut wurde. Den hatte ich besorgt, um den etwas unschön aussehenden Steuerstandstuhl, der immer wie selbstgebaut aussah, zu ersetzen.

Der alte Sitz wurde oberhalb vom Standrohr abgeschraubt und das Halterohr vom Bürostuhl dort eingelassen. Das passte fast so darein, als ob es dafür angefertigt worden war. Somit hatte ich nicht nur einen neuen Stuhl mit Rücken, Sitzteil und Armlehnen, sondern konnte diesen im Gegensatz zu dem alten Stuhl auch drehen und in der Höhe etwas verstellen.

Vom neuen Sitz aus hatte ich einen perfekten Rundblick über das Geschehen um uns herum und ich hatte auch so meine Mannschaft besser im Blickfeld, die mit ihrer Kaffeetasse mal wieder in der Ecke saß Pause machte.

Allmählich wurde es dunkler draußen und es war Zeit für das Abendessen. Was es genau gab ist nicht mehr überliefert, aber da ich es gekocht hatte war es gut.

Zum Abschluss des Tages wurde eine CD ins Radio geschoben und wir lauschten der Musik. Später sind wir dann noch ein paar Schritte im Hafen umhergelaufen, das hatten wir uns schon langsam so angewöhnt. Danach ging es in die Kojen und das Licht wurde ausgeschaltet, was auch funktionierte, da ich den Schalter eingebaut hatte. Die Heizung wurde heruntergedreht und dann war Ruhe.

Am Sonntagmorgen haben wir ziemlich faul im Salon herumgesessen, Kaffee getrunken und den Wolken zugesehen, die über der *INGRINE* am Himmel vorbeizogen. Auf dem Tisch im Salon lag ein Zettel mit allen möglichen Notizen, was beim nächsten Besuch auf dem Boot umgebaut werden sollte oder was wir noch dringend besorgen mussten, wie zum Beispiel Luftentfeuchter, da dies zumindest im Winter ein großes Thema war.

In der Mittagszeit wurde zusammengepackt und dann ging es zurück in den Alltag nach Düsseldorf. So ein Wochenende auf dem Boot ist fast wie ein Woche Urlaub, auch wenn man keine direkte Freizeit hat sondern auf oder an dem Boot arbeitet.

Zwei Wochen später waren wir bereits wieder zurück auf der *INGRINE*. Wie zuvor waren wir wieder am Freitagabend im Hafen angekommen. Ich ließ Helga nach der langen Fahrt vorne am Hafenbüro aus dem Auto, so konnte sie sich eine Zigarette rauchen und die letzten Meter zur *INGRINE* gehen.

Ich hatte in der Zwischenzeit das Boot aufgeschlossen und die Heizung eingeschaltet und nachdem das Gepäck an Bord war wurde es schnell warm im Schiff. Der Backofen wurde in Betrieb genommen und die übliche Pizza im Ofen versenkt.

Bei einem Glas Rouge wurde sie dann verzehrt und nach einer kurzen Verschnaufzeit wurde die Kaffeemaschine für den nächsten Morgen vorbereitet, und dann ging es in die Kojen. In der Nacht wurde die Heizung noch etwas gedrosselt, es war uns zu warm im Schlafraum.

Am Samstagmorgen war ich zeitig auf, irgendwie stehe ich auf der *INGRINE* immer früh auf, das liegt wohl an der frischen Luft. Um sieben Uhr wurde die Kaffeemaschine gestartet, da ich mit dem

Erscheinen der Bordfrau rechnen konnte, man hörte sie zumindest schon in der Kabine rumwerkeln. Im Salon wurden die Kaffeebecher platziert und ich startete den Laptop, den ich mitgenommen hatte. Anstatt Morgenzeitung konnte ich so etwas in den einschlägigen Nachrichtenseiten lesen und mich über die Neuigkeiten informieren, die es in der Welt so gibt.

Die Welt bleibt nicht stehen, auch nicht an einem Wochenende.

Nach dem Frühstückskaffee ging es an die Vorplanung des nächsten Projektes, das wohl etwas mehr Zeit in Anspruch nehmen würde. Das zwölf Volt System sollte renoviert oder auch teilweise erneuert werden. Zusätzliche Sicherungen sollten es mit schneller ermöglichen, im Störungsfall den Verursacher zu ermitteln.

Von Düsseldorf hatte ich mir die benötigten Teile mitgebracht. Ein Schalterpanel sollte eingebaut werden und daran auch einige neue Kreise angeschlossen werden. Die batteriebetriebenen Positionslaternen sollten gegen neue durch das Bordnetz versorgte Laternen ersetzt werden. Der Lichtmast sollte vom Vorschiff hoch auf das Dach versetzt werden, der Standort dort gefiel er mir wesentlich besser. Kaum hatte ich mit den ersten Bohrlöchern angefangen, als es draußen am Boot klopfte. Stephan stand am Boot, unter dem Arm hielt er einen Stromzähler, den ich bitte an der Heizung anbringen sollte, da dieser Strom extra berechnet werden würde. Null Problemo, war alles Steckerfertig und konnte direkt eingesteckt werden.

Das bisschen Strom an den paar Tagen im Winter könnten wir uns wohl auch noch leisten.

Schalter für Schalter wurde eingebaut und teilweise sofort angeschlossen, andere Leitungen mussten erst verlegt werden, einige auch erst zu späterer Zeit. Da ich die Bodenabdeckungen für die Verlegung der Stromleitungen abnehmen musste war ich auch direkt am Wassertank, um dort den Schwimmer für eine Wasserstandsanzeige einzubauen. Da ich dort an einer der tiefsten Stellen im Boot am basteln war wurde von mir direkt neben dem Wassertank der Geber für das gebrauchte Echolot eingebaut, das ich mir vor Wochen gekauft hatte. Die Leitungen waren schnell gezogen, da ich mit jedem neu gezogenen Stromkabel immer eine kleine Kordel verlegt hatte, an der ich weitere Leitungen durch das Schiff zog. Am späteren Vormittag wurde die Bodenluke wieder geschlossen, vorerst war dort unten alles installiert.

Das war auch gut so, denn langsam wurde es Zeit zum Einkaufen zu fahren. Die Arbeitskleidung wurde gewechselt und mit den leeren Taschen und dem Auto ging es nach Dampierre in den Intermarché. Dort leerten sich die Regale und unser Einkaufswagen wurde immer schwerer. Was man nicht so alles braucht für ein kurzes Wochenende? An der Kasse angekommen standen wir aus Zufall direkt hinter Monique, die uns auf das Herzlichste begrüßte. Wir wechselten noch ein paar Worte, dann bezahlte sie ihre paar Artikel und entschwand mit einem freundlichen Gruß. Unsere Einkäufe wurden von uns auf das Band gewuchtet und nach unzähligem Piep-Piep-Piep der Scannerkassen durften wir bezahlen. Mit Müh und Not wurde die Karre zum Auto bugsiert und die gekauften Klamotten ins Auto verfrachtet. Neben den nötigen Lebensmitteln befanden sich allerlei Saucentöpfchen und Kekse für meinen Sohn Frederik, Babykleidung für das Enkelsöhnchen, jede Menge an verschiedenen Getränken und sonstige diverse Artikel in den unzähligen Taschen, die den Kofferraum füllten.

Wer kauft denn den ganzen Mist und dann in diesen haushaltsunüblichen Mengen?

Neben dem Intermarché war eine kleine Tankstelle, an der ich noch etwas nachgetankt hatte, so brauchten wir auf der Rückfahrt am Sonntag nicht noch einmal zum Tanken anhalten. Zwanzig Euronen wechselten den Besitzer und dann ging es zurück in den Hafen. Dort brauchten wir eine ganze Weile, bis wir die Sachen an Bord geschleppt hatten.

Nach dieser Tortour wurde erst einmal ein Baguette geopfert, wir hatten durch die ganze Plackerei Hunger bekommen. Den Nachmittag verbrachten wir damit die alten Leuchtstofflampen gegen neue Lampen auszutauschen, die ich im Vorfeld im Internet besorgen konnte. Den Originalhersteller der bisherigen Lampen konnte ich im Netz nicht ausfindig machen und bin daher auf einen alternativen Anbieter ausgewichen, den ich bei einem Zulieferer für Campingbedarf ausfindig machen konnte. Diese Lampen gefielen mir fast noch besser wie die alten auf dem Boot bereits montierten Leuchten, die mittlerweile so brüchige und vergilbte Abdeckungen hatten, dass ich diese nicht mehr verwenden wollte.

Das Ergebnis konnte sich sehen lassen, es war deutlich heller in den Kabinen, als es am Nachmittag dunkler wurde und das Licht eingeschaltet wurde.

Da ich noch etwas Langeweile hatte wurde noch das im Boot verbaute Autoradio gegen ein anderes Modell ausgetauscht, das ich noch zuhause in der Garage liegen hatte. Das neue Modell verfügte über eine kleine Fernbedienung, was ganz praktisch war, wenn man von der Sitzgruppe aus die Lautstärke verstellen wollte. Und da ich dann schon einmal dabei war wurden auch direkt die beiden kleinen zusätzlichen Lautsprecher angebracht, die ich dafür bekauft hatte.

Es wurde zunehmend heimischer an Bord, immer mehr nahm das Boot im Innern unsere Handschrift an. In den einzelnen Kabinen und in allen möglichen Ecken wurden noch Haken angebracht, um mal eben eine Jacke oder ein anderes Kleidungsstück aus dem Werg zu räumen.

Vor dem Abendessen sind wir auf unseren üblichen Rundgang aufgebrochen, der uns aber diesmal über die Brücke bis an den Ort Seveux führte. In der Ferne konnte man deutlich das Geräusch des Wassers vernehmen, das über das Stauwehr rauschte. Wir waren den Tag über fast alleine im Hafen gewesen, nur zwei Mitarbeiter der Werft kamen am Nachmittag vorbeigefahren, um ihre Autos dort zu waschen. Hier auf der Landstraße war genauso wenig los, wir konnten mittig auf der Strasse gehen, ohne dass uns ein Auto oder ein anderes Fahrzeug gestört hätte.

Auf dem Rückweg zum Boot haben wir die Toiletten und die Duschen inspiziert, ob diese noch in Betrieb waren und ob die Räume geheizt waren. Das war der Fall, allerdings war die Beleuchtung in den Räumen sehr dürftig, alles wirkte sehr dunkel und ungemütlich.

Wir schlenderten noch auf den einzelnen Pontons entlang um die dort liegenden Boote zu betrachten. Da gab es einige sehr schöne Modelle darunter, allerdings war auch der eine oder andere Seelenverkäufer dabei.

An unserem Steg lag im hinteren Bereich ein Engländer mit seinem Narrow-Boot. Das sind sehr schmale, aber dafür fast zwölf bis zweiundzwanzig Meter lange Boot, wie sie in den englischen Binnenkanälen zu Hause waren.

Der Engländer, Robert sein Name, lebte das ganze Jahr hier auf dem Boot. Ansonsten war niemand hier, wir waren im hinteren Bereich des Hafens vollkommen alleine auf unserer *INGRINE*.

Es war nun Zeit für das Abendessen, also ging es zurück an Bord. Die Heizung wurde etwas höhergestellt, da es langsam kälter wurde. Nach dem Abendessen wurde erzählt und Musik gehört, bevor dann irgendwann die Nachtruhe einsetzte.

Der Sonntagmorgen begrüßte uns mit einer dichten Nebelsuppe. Die Sicht war stark eingeschränkt und alles war patschnass draußen. Im Salon lief das Wasser an den Scheiben herunter und es war ungemütlich im Boot.

Das änderte sich erst, als die Kaffeemaschine den fertigen Kaffee ausspuckte. Zwischenzeitlich war die Heizung hochgedreht und die Fenster zum Lüften leicht geöffnet worden.

Entlang der Seitenfenster im Salon hatten wir am Abend Decken gelegt, damit es dort nicht ganz so doll zog, etwas hatte es auch geholfen, aber die Kälte im Nacken war deutlich zu spüren. Das war bestimmt nicht gut für die armen alten Knochen, aber das war nun einmal der Nachteil von einem Boot mit einem Schiebedach.

Am Vormittag wurde noch ein bisschen an der Elektrik gearbeitet, zur Mittagszeit wurde dann alles beiseite geräumt, die Rückfahrt kam immer näher. Die Einkäufe vom Vortag wurden mit dem anderen Gepäck ins Auto gebracht und das Boot dann für unsere Abfahrt vorbereitet.

Im Baumarkt hatte ich in Düsseldorf Entfeuchter gekauft, die nun im Boot in den Kabinen verteilt wurden. Die Toilette wurde wieder außer Betrieb gesetzt und das Saugrohr belüftet, damit bei Frost nichts zufrieren konnte.

Damit waren wir bereit zur Abfahrt und so wurde das Boot wieder gut verschlossen.

Auf Wiedersehen, bis zum nächsten Mal.

Kurz vor Weihnachten war es erneut soweit. Der Rhythmus im zweiwöchigen Abstand hatte sich langsam eingependelt, ohne richtig beabsichtigt gewesen zu sein. Bei den Überlegungen für die Vorbereitungen für Weihnachten kam uns die Idee, das Essen dazu in Frankreich zu besorgen, also wurde am letzten Wochenende vor den Festtagen das Auto erneut gepackt und die Fahrt angetreten. Bei uns kam leichter Schneeregen herunter, in der Eifel war es dagegen stärker am Schneien, aber die Straße war gut abgestreut. Die Strecke selber kannten wir mittlerweile in und auswendig, für die ganze Fahrt brauchten wir kein Navi mehr im Auto, so geläufig war die Route. Unterwegs hatten sich ein, zwei Haltepunkte herauskristallisiert, an denen wir für eine Pause anhielten. Darunter war natürlich die Tankstelle in Luxemburg, wo ich für Hin-und Rückfahrt auftankte. Im weiteren Verlauf der Strecke kamen wir auf dem bezahlten Abschnitt der Autobahn an einem schönen Rastplatz vorbei, den wir für einen kleinen Zwischenstopp ausgewählt hatten. Hier konnten wir noch einmal die Toiletten aufsuchen und einen

Kaffee trinken, bevor es auf den letzten Teil der Strecke ging. Ab hier, dem Rastplatz „Aire de Lorraine Sandaucourt la Trelle" hatten wir noch eine gute Stunde zu fahren.

Außerhalb der Reisesaison schloss das Restaurant um zweiundzwanzig Uhr, der Shop im vorderen Bereich war allerdings noch geöffnet. Wir kamen diesmal kurz nach zehn Uhr dort an und wollten unseren Kaffee bestellen, aber niemand war hinter der Theke zu sehen. Man war hinten in der Küche mit Aufräumen beschäftigt. Wir wurden scheinbar gehört, als wir uns darüber unterhielten, ob hier auch bereist geschlossen sei. Eine Mitarbeiterin, die uns bereits öfters bedient hatte, kam aus der Küche an die Theke und begrüßte uns mit den Worten

" Ach, Sie sind es".

Als Stammgast in einer Autobahnraststätte wurden wir bisher noch nie begrüßt, aber wir waren wohl bereits zu oft hier.

Helga bestellte den Kaffee, sie musste französisch üben, und wir stellten uns an einen der Stehplätze, im Auto hatten wir genug gesessen.

Auf der Strecke bis hierhin hatten wir mehrfach Räumfahrzeuge gesehen, die die Strasse abstreuten, die Luft war auch winterlich kalt und es schien, als ob es hier bereits leicht geschneit hätte. In einigen Ecken auf dem Parkplatz war es weiß, entweder vom Raureif oder vom Schnee, das konnte man schlecht unterscheiden.

Das Außenthermometer vom Auto zeigte minus vier Grad an, also war schon etwas Vorsicht geboten. Nach dem Kaffee setzten wir unsere Fahrt in den Süden fort, allerdings kam es uns vor, als ob wir Richtung Polarregion fuhren. Das Thermometer fiel immer mehr und ab Langres war alles weiß draußen, es hatte hier geschneit. Wir nahmen wie immer die Abfahrt Langres-Süd. Ab hier führte die Straße entlang eines Hochplateaus, bevor es rechts runter ging zu der Landstraße, die wir ab hier ein Stück befuhren. Die

Schneedecke wurde immer dicker und als ich auf das Außenthermometer am Auto sah glaubte ich meinen Augen nicht.
Minus achtzehn Grad stand dort auf der Anzeige.

Ich konnte mich nicht daran erinnern, solch eine tiefe Temperatur abseits der Berge je erlebt zu haben. Die Schneedecke war noch frisch, da nur wenige Reifenspuren zu sehen waren. Als einzige Option wurde die Geschwindigkeit gedrosselt, mehr als fünfzig oder sechzig Kilometer in der Stunde wolle ich auf keinen Fall riskieren. Also kommen wir heute wohl etwas später im Hafen an.
Das erfreuliche an der Fahrt war, dass das Scheinwerferlicht vom Schnee stark reflektiert wurde, die Sicht war sehr gut.
Als wir von der Landstraße links abbogen, um über die Dörfer zu fahren, ging es für uns durch Neuschnee. Keine Fahrspur vor uns, wir waren die Ersten, die hier nach dem Schneefall entlangfuhren. Zum Glück kannte ich die Strecke mittlerweile recht gut und hatte keine Schwierigkeit damit, unseren Weg zu finden.
Die Dörfer und vor allem Dampierre waren weihnachtlich geschmückt und bunt beleuchtet, damit hätte ich hier nicht gerechnet, von Südfrankreich kannte ich das so nicht.
Am Hafen angekommen gab es ein weiteres Problem. Gute fünfzehn Zentimeter Schnee lagen hier auf den Strassen, den Wegen, auf der Steganlage und auf den Booten.
Helgas Raucherspaziergang musste ausfallen. Die Gefahr, dass man auf dem Schnee auf der Steganlage ausrutscht war zu groß. Ich bahnte mir erst einmal ohne Gepäck einen Weg zur *INGRINE*.
Vorsichtig wurde der Schnee Achtern etwas beiseitegeschoben, so dass ich an Bord gehen konnte, allerdings nicht ohne dabei auf dem verschneiten Deck auszurutschen.
Zum Glück nur ein blauer Fleck und nicht im Wasser gelandet, aber das sollte eine deutliche Warnung sein. Helga musste an Land warten und ich schob mich vorsichtig bis zur Eingangstüre vor, die ich dann erst einmal vom Schnee befreien musste. Die Türe wurde vor-

sichtig geöffnet, damit nicht allzu viel Schnee in das Boot fiel. Der Einstieg war leicht wie immer. Nächster Schritt: Licht an. Dann nach vorne im Salon, um Landstrom einzuschalten. Die Heizung wurde eingeschaltet und auf Maximum gestellt. Ein Blick auf das Thermometer im Boot, Minus zwanzig Grad.

Ich bin für globale Erwärmung.

Mit einem Besen wurde dann erst einmal der Zugang zur Türe auf dem Boot freigeschaufelt. Jetzt ist es nicht mehr ganz so glatt auf dem Deck. Helga konnte kommen. Das Gepäck wurde erst einmal hinten auf dem Deck gesammelt und anschließend Stück für Stück nach unten verfrachtet.

Dort war es in der Zwischenzeit deutlich wärmer geworden. Die anderen Heizlüfter in der vorderen und hinteren Kabine wurden ebenfalls eingeschaltet und der Gasherd aktiviert. Der wollte nicht so richtig, da die Gasflasche zu kalt war und das Gas in der Flasche nicht verdampfen konnte. Zum Glück kannte ich aus meiner Campingvergangenheit den richtigen Trick. Ein Topf mit warmem Wasser aus dem Waschraum im Bürogebäude brachte den Erfolg. Als ich den über die eiskalte Gasflasche kippte hörte man in der Flasche das typische Strömungsgeräusch. Helga testete am Herd die Flamme, die so brannte wie es sich gehört. Ein zweiter Topf wurde auf dem Herd erhitzt und das kochende Wasser ebenfalls über die Flasche gegossen.

Damit war für den Abend kein Problem mehr zu erwarten und aus Erfahrung reicht das bis zum nächsten Morgen. Einer der Wasserkanister wurde in den Luftstrom eines Heizlüfters gestellt, damit am Morgen etwas vorgewärmtes Wasser vorhanden ist.

Bis zum „Abendessen" war es angenehm warm im Boot und das Tropfen vom geschmolzenen Schnee begleitete uns die ganze Nacht.

Vielleicht lag es an dem Geräusch des tropfenden Wassers oder an der Flasche Rotwein, auf jeden Fall hatten wir gut und tief und fest geschlafen.

Die Kaffeemaschine wurde eingeschaltet und es gab einen ersten Rundblick durch die Fenster. Das gesamte Vorschiff war fast schneefrei, an den Handläufen links und rechts lagen geschmolzene und wieder gefrorene Eisklumpen. Ist halt nicht für den Winter isoliert, so ein Boot.

In der Nacht hatten wir nicht gefroren. Es war auch angenehm warm im Salon, da wir die Heizung diesmal etwas höher mitlaufen gelassen hatten. Das Gas sprang auch sofort an, die Wärme aus dem Boot erreichte also auch den Gasflaschenschrank.

Der Himmel war leicht grau bedeckt, und die frostige Luft drang einem in die Nase, als man den Kopf aus der Türe steckte. Nach der Frühstückspause wurde der restliche Schnee auf dem Deck weggefegt. Somit war der Zugang auf dem Boot ohne Probleme möglich. Auf dem Steg wollte ich den Schnee auch etwas beiseite fegen, beließ es aber bei dem Versuch, da unter dem Schnee eine leichte Eisschicht zum Vorschein kam. Da ließ es sich auf dem Schnee besser laufen als auf dem Eis.

Die anderen Boote im Hafen waren alle eingepudert. Eine dicke Schneeschicht lag auf allen Booten. An den Laufspuren im Schnee konnten wir ersehen, dass wir ziemlich die einzigen Idioten waren, die im Winter Bootsurlaub machten, wenn auch nur für das Wochenende.

Andere gehen Kegeln.

Unsere Einkaufsliste für das geplante Weihnachtsessen wurde herausgekramt, heute geht es zum Großeinkauf nach Gray, da der Laden dort wesentlich größer ist als in Dampierre.
Auf unserer fahrt nach Gray hielten wir kurz vorne am Büro um Monique zu begrüßen, die sehr erstaunt war, dass irgendjemand auf

einem Boot war. Ob es denn nicht zu kalt auf dem Boot wäre, wollte sie wissen, was wir aber verneinen konnten.
Danach ging es dann auf die Fahrt nach Gray. Wir entschieden uns dafür, entlang der Saône über die kleinen Ortschaften zu fahren. Das war eine gute Wahl, da wir dadurch entdecken konnten, dass die Waschhäuser, die es im Burgund in jedem Ort gab, weihnachtlich dekoriert waren. Wir beschlossen spontan, am Nachmittag bei einsetzender Dunkelheit die Fahrt zu wiederholen, um das Lichtermeer zu bestaunen.
Der Einkauf in Gray verlief im Wesentlichen unspektakulär. Die Liste der benötigten Zutaten für Weihnachten schrumpfte proportional zu dem steigenden Füllstand unseres Einkaufswagens, den wir aber unter zu Hilfenahme eines Esels (Skipper) noch bewegen konnten.
Die Klamotten wurden aus dem Chariot in das Auto umgeladen, ohne das der Wagen Achsbruch erlitt.
Für die Rückfahrt wurde die normale Landstraße gewählt, uns interessierte, ob es in Dampierre auch eine Weihnachtsdekoration gab.
Und siehe da, der ganze Ort war dekoriert. Überall waren Figuren aufgestellt, in den Kreisverkehren, in kleinen Beeten oder entlang der Häuser. Selbstverständlich kletterte auch der eine oder andere Weihnachtsmann an Kaminen oder an den Fenstern herum.
Damit hatten wir dann unser Nachmittagsprogramm erstellt. Nach vier Uhr, wenn es dunkler wird, wollten wir zu einer Besichtigungstour aufbrechen.
Zurück im Hafen wurden die Einkäufe aussortiert. Ein Teil konnte im Auto bleiben, dem konnte die Kälte über Nacht nichts anhaben, die anderen Sachen wurden in Tüten und Taschen verstaut auf die *INGRINE* verfrachtet.
Geschwächt von dieser Tour wurde der Backofen angefeuert, um mit einer Pizza (Poulet à la Moutarde) wieder zu Kräften zu kommen, unterstützt von einem Glas Rouge.
Im Boot wurde noch etwas rumgebastelt, bevor es am Nachmittag dann wieder losging.

Wir klapperten wie auf der Einkaufstour am Vormittag zuerst die kleinen Dörfer ab, auf der Rückfahrt sollte dann in Dampierre für ein paar Fotos gehalten werden.
Unser erster halt war in Autet, von dort ging es nach Vereux und Prantigny. In jedem der auf dieser Strecke gelegenen Orte waren in den Waschhäuser Krippenmotive oder andere Szenen ausgestellt.

Die schönste Dekoration jedoch fanden wir in Rigny in der Nähe von dem alten Chateau. Ein wunderschönes Diorama war dort ausgestellt und wenn man auf einen Knopf drückte, wurde die Anlage bunt beleuchtet. Zeitgleich ertönte Musik und alles fing an sich zu bewegen. Über eine Pumpe wurde zudem ein Wasserfall betrieben, der einen kleinen See versorgte, auf dem ein Weihnachtsmann in einem Boot trieb und am Angeln war.

Das war wirklich toll gemacht. Der Schnee auf den Strassen und Wegen und die kalte Luft unterstrichen die Atmosphäre genau richtig. Bei uns hätte hier noch ein Glühweinstand gestanden und das Gebräu angeboten.
Aber das brauchten wir hier nicht.
In Gray war die Stadt ebenfalls bunt dekoriert, an den Laternen hingen übergroße beleuchtete Pakete und verbreiteten Vorfreude auf die Feiertage.
Auf der Brücke über die Saône waren an jeder Laterne Weihnachtsbäume aufgestellt, die nun unter dem Schnee so richtig zur Geltung kamen. Erstmals kam in uns eine Vorstellung auf, wie das wohl wäre, Weihnachten in den Bergen mit viel Schnee.

Nach einer kleinen Tour durch die Fußgängerzone ging es auf die Rückfahrt, wir wollten ja noch in Dampierre im Ort etwas spazieren gehen.
Die Straßen waren gut geräumt und man konnte halbwegs normal fahren. In Dampierre stellten wir das Auto auf dem Parkplatz am Hotel ab und watschelten durch den Schnee, der auf den Gehwegen nicht geräumt worden war. Überall standen Motive mit Zwergen,

Wichteln, Schneemänner, allesamt beleuchtet, ein buntes Lichtermeer.
Wer hatte gesagt, in Frankreich wird das mit Weihnachten nicht so betrieben wie bei uns?

Kein Kommentar.

Für uns stand jedenfalls fest, dass wir es immer ermöglichen wollten, in der Adventszeit zum Boot zu fahren, um diese Stimmung zu erfahren.
Wir sind eine ganze Weile dort herumgelaufen, dann wurde es uns aber doch zu kalt. Die Schuhe waren auch nicht mehr so trocken, es wurde langsam Zeit, zum Boot zurückzukehren.
Das Auto fühlte sich an wie eine Sauna, als wir wieder in den warmen Wagen einstiegen und den kurzen Rückweg von Dampierre nach Savoyeux antraten. Zurück an Bord wurden die Schuhe zum trocknen vor die Heizung gestellt, und wer weis, vielleicht ist am Morgen der Stiefel gefüllt?
Nach dem Abendessen hatten wir noch eine ganze Weile über den vergangenen Nachmittag gesprochen. Die Nacht verlief ohne weiteren Neuschnee und am nächsten Morgen war es nicht mehr ganz so kalt.
Wegen der unklaren Straßenlage in der Eifel nach dem Wintereinbruch waren wir am späten Vormittag etwas früher abgefahren, als wir es sonst machten.

Die Weihnachtstage in Düsseldorf verliefen ruhig und wir freuten uns auf den kommenden Donnerstag, da wir den Jahreswechsel auf der *INGRINE* verbringen wollten.
Das Auto wurde im Vorfeld mit den wenigen Sachen bepackt, die wir mitnehmen wollten und gleich nach der Arbeit ging es auf nach Savoyeux.

Diesmal waren die Anfahrt und die Ankunft nicht durch das Wetter beeinträchtigt. Es war zwar kalt, schließlich war ja auch Winter, aber bei weiten nicht so wie im Tiefkühlschrank bei unserem letzen Besuch der *INGRINE*.

Den letzten Tag im Jahr verbrachten wir morgens in Gray beim Einkaufen, uns war nicht klar, ob die Läden am Neujahrstag offen wären, und der Sonntagvormittag wäre zu spät, um uns zu versorgen, da ging es wieder zurück nach Deutschland.

In den Läden gab es wie bei uns auch Feuerwerksartikel zu kaufen, aber bei weiten nicht in den Mengen, wie es bei uns verbreitet ist. Der Andrang an den Ständen war auch nicht so schlimm wie wir es von den einschlägigen Verkaufsständen von zu Hause her kannten.

Auf der *INGRINE* wurde auch am letzten Tag im Jahr gearbeitet. In Düsseldorf hatte ich mir mehrere Abdeckfolien besorgt, wie sie im Winter verwendet werden, um Autoscheiben über Nacht Eisfrei zu halten. In unserer Koje wurde die Matratze aus dem Bett entfernt und mehrere dieser Folien auf dem Lattenrost befestigt. Dann kam die Matratze wieder darauf und fertig. Auf diese Weise zog die Kälte nicht so von unten in das Bettzeug ein. Zwei weitere dieser Folien wurden anschließend mit Kreppband an der Außenwand befestigt, somit war auch hier ein bisschen Isolierung aufgebracht worden. Spätere Selbstversuche bestätigten den Erfolg dieser Maßnahme.

Mit den restlichen Folien wollten wir die Scheiben im Salon von innen abkleben, wenn wir in den nächsten Tagen das Boot wieder verlassen würden.

Derweil gingen die Arbeiten an der Bordelektrik auch gut voran. Bald hatte ich die Hauptleitungen vom zwölf Voltnetz ausgetauscht und auch die wichtigsten Sicherungen waren erneuert worden. Das gäbe ein sicheres Gefühl, wenn wir im nächsten Jahr mit der *INGRINE* wieder auf Tour gehen würden.

Der letzte Abend von diesem Jahr rückte näher und unsere Augen vielen immer mehr zu. Das Abendessen hatten wir etwas herausgezögert, es gab aber auch nichts Besonderes. Da wir keine

Gäste erwarteten hingen wir gemütlich im Salon herum und lauschten der Musik, die wir am Abend an Bord immer auflegten, oder genauer gesagt in den CD-Player einlegten.
Nach zehn Uhr viel es uns immer schwerer die Augen offen zu halten und nach Rücksprache und unter beiderseitigem Einverständnis wurde der Abend beendet und der Jahreswechsel schlichtweg verpennt.

2011 war angebrochen und wir hatten es nicht bemerkt.

Tief und fest schlafend wurden wir erst wach, als das neue Jahr bereits sieben Stunden alt war.
Entweder es wird hier in der Gegend das neue Jahr nicht mit Raketen und Böllern begrüßt oder wir waren so müde, dass wir es nicht gehört hatten.
Wie dem auch sei, Prosit, auch ohne Sekt aber dafür mit Kaffee.

Wie so üblich an den Wochenenden im Winter waren wir auch diesmal wieder die einzigen auf einem Boot im Hafen.

Robert, den Engländer vom Narrow-Boot, zählten wir irgendwie nicht mit dazu. Da er ständig auf seinem Boot lebte war er ja auch nicht mit den anderen Freizeitkapitänen zu vergleichen.

Am frühen Vormittag fuhr Roman kurz mit seinem Auto zur Kontrolle am Ufer entlang und grüßte, damit war unsere Abwechslung auch bereits wieder vorbei.

Mit Metermass gerüstet ging es weiter daran, der *INGRINE* unseren Touch zu verleihen. In den Kajüten vorne und achtern wurden die Fensterweiten ausgemessen, da wir dort für den Tag Gardinen anbringen wollten.

Ich mag es nicht, wenn man von Außen durch die Fenster ins Boot glotzt. Und bei ständig geschlossener Nachtgardine ist es in den Kabinen einfach zu dunkel.

Mit Block und Bleistift bewappnet ging es also durch das Boot, als es an Land plötzlich merklich lauter wurde.

An Land war eine Brigade der Feuerwehr mit zwei Fahrzeugen eingetroffen und rollte Schläuche aus. Eine tragbare Pumpe wurde an Land neben der Steganlage aufgestellt und angeschlossen.

„Ein blöder Termin für eine Löschübung" dachte ich noch gerade, als mein Blick an Land umherging.

Neben dem Sägewerk standen zwei kleine Häuschen, und aus dem Dach von dem einem kam eine dicke Qualmwolke zum Vorschein.

Keine Löschübung, Prosit Neujahr.

Von dem zweiten Löschfahrzeug wurden Leitern abgeladen und an das Häuschen gestellt. Zwei Pompiers kletterten über die Leiter auf das Dach hoch und nahmen eine weitere angereichte Leiter in Empfang, um diese dann auf das Dach zu legen. Auf diese Weise konnten sie das Dach erklimmen und postierten sich oben am Kamin. Der Brigadier war zwischenzeitlich mit einem Atemschutzgerät unten im Haus verschwunden und kam nach kurzer Zeit wieder heraus, nachdem alle Fenster und Türen von dem Häuschen geöffnet worden waren.
Unterhalb des Kamins wurden dann von den beiden Feuerwehrmännern auf dem Dach die Dachziegel entfernt, zeitgleich kann eine dicke Rauchwolke aus der neu geöffneten Lücke im Dach, die dann aber auch schnell nachließ.
Keine einzige Flamme war zu sehen, scheinbar ein Kaminbrand. Die Schläuche wurden noch liegen gelassen, aber die Pumpe wurde abgestellt. Nach einer guten Viertelstunde ließ der Rauch merklich nach und wenig später war nichts mehr zu sehen.
Der Wohnungsinhaber ging mit einem Tablett mit Schnapsgläschen umher und verteilte unter den Feuerwehrmännern Löschwasser. Nachdem alles abgesichert war wurden nach einer guten halben Stunde die Schläuche eingerollt und die Pumpe wieder im Löschfahrzeug verstaut.

Die Leiter wurde vom Dach geholt und mit der anderen Leiter von der Hauswand auf dem Fahrzeug gepackt. Ein Teil der Löschmannschaft stieg in den Wagen ein und anschließend verschwand das erste Löschfahrzeug während das kleinere Auto vor Ort blieb.
Bei uns würde man sagen Brandwache.
Man hörte die Männer noch eine ganze Weile erzählen und Lachen, irgendwann waren sie dann auch verschwunden und es kehrte wieder Ruhe ein im Hafen von Savoyeux.
Sicherlich ein kleiner Schreck in der Morgenstunde, wie man bei uns sagt, aber zum Glück scheint nichts passiert zu sein und es wurde auch niemand verletzt.
Ob im Haus ein Schaden entstanden war ist uns nicht bekannt. Da der Inhaber der Wohnung kurze Zeit später Fenster und Türen wieder verschloss scheint dies nicht der Fall gewesen zu sein.
Und das dollste: es dauerte nicht lange und aus dem Kamin kam an der richtigen Stelle wieder Rauch heraus, der Ofen wurde wieder beheizt.
Den hätte ich wahrscheinlich vorerst nicht mehr angepackt. Aber so ist das eben.

    Cést la Vie.

    An Bord hatte ich die Messungen beendet und alle Masse notiert, somit konnten die Gardinen demnächst bestellt werden. Für die Montage der Gardinen musste ich allerdings unterschiedliche Halterungen besorgen, später entschied ich mich für Drahtseile, da diese am Besten zu montieren waren.
    Der Nachmittag hatte soeben angefangen und es war trocken draußen. Ich schnappte mir meinen Fotoapparat und dann sind wir zu einem kleinen Hafenbummel aufgebrochen. Unser Neujahrspaziergang, nur das diesmal kein Kater dabei war. Oder der Antrieb dazu war.

Wir sind erst einmal zum hinteren Teil vom Hafen an die Sliprampe gegangen, da dort Büsche abgeholzt worden waren, das wollten wir uns ansehen. Der gesamte Uferbereich entlang des Kanals war gepflegt worden, keine wilden Büsche oder Sträucher mehr, alles sah sehr ordentlich aus, auch auf der anderen Uferseite.

Ein Blick in beide Richtungen zeigte, dass wohl der ganze Kanalabschnitt bearbeitet worden war. In weiter Ferne konnten wir eine Peniche sehen, die im Bereich des Tunnelausgangs lag und in unsere Richtung zeigte. Rauch war zu sehen, aber vermutlich eher vom Ofen als vom Motor des Bootes. Die Ampel am Tunnel war aus, es war ja auch Feiertag hier in Frankreich, einer der wenigen Tage, an denen der Kanalbetrieb stillag.

Die Luft war nicht so extrem kalt und in unseren Jacken waren wir gut verpackt So vor dem Wind geschützt konnten wir noch den verwaisten und verlassenen Hafen entlang marschieren. Nur das Auto von Robert und unser eigener Wagen waren dort abgestellt, es lag hier im Hafen wirklich alles verlassen da.

Vorne am Steg waren einige der Mietboote von Monique vertäut, die anderen waren über den ganzen Hafen verteilt in irgendwelchen Boxen abgestellt worden.

Im Winter war hier wirklich nicht viel los. Bei Betrachten der Anlage kamen leichte Streifen blauen Himmels zum Vorschein. Es war früh am Nachmittag und wir hatten noch Lust uns etwas zu bewegen, so sind wir noch über die Straßenbrücke für einen Gesamteindruck gegangen. Das Boot, das wir vorher schon bemerkt hatten, lag immer noch in der Tunnelausfahrt und qualmte vor sich hin. Auf der anderen Seite der Straße sind wir dann auf den Treidelpfad Richtung Tunnel gegangen, um uns das einmal anzusehen. Ein Engländer hatte sich hier einen preiswerten Platz für die Nacht gesucht. Hier gibt es zumindest kein Wasser und keinen Stromanschluss. Der Pfad, eigentlich ein gut befestigter Weg, führte in einer leichten Kurve den Hang hinauf auf die Hügelkuppe über den Tunnel. Oben verlief er fast parallel über den Tunnel und mündete auf der anderen Seite über dem Tunnelportal an der kleinen Landstrasse, die von Dampierre nach Savoyeux rechts abbog. Auf der anderen Seite der Strasse ging der Weg weiter und nach wenigen Metern stand man über dem Tunnelportal auf der anderen Seite des Tunnels. Dort wechselte der Weg auf die andere Seite des Kanals und führte herab zu der Schleuse von Savoyeux. Zwischen Schleuse und Tunnel spannten sich zwei kleinere Brücken über den Kanal, die eine davon gehörte zu der früher dort verlaufenden Eisenbahnlinie, die zweite Brücke war im Prinzip nur ein Übergang.

Die ganze Anlage lag stil unter uns, niemand war zu sehen. An den Mauern war gearbeitet worden, ein Teil war neu restauriert, andere Abschnitte lagen brüchig am Kanalufer. Wir waren noch ein paar Meter herunter an die Einfahrt gegangen, um noch ein paar Fotos zu knipsen.

Dann wurde umgedreht und es ging wieder zurück und hoch auf den Weg. Oben in dem Wegstück über dem Tunnel fiel mir ein Bauwerk auf, das ein wenig an einen Brunnen erinnerte und in Wahrheit einer der Belüftungsschächte war, die hier oben entlang des Tunnels zu sehen waren. Ich bahnte mir den Zugang durch das Gestrüpp zu dem Geländer, das den Schacht umgab und konnte so ein paar Bilder runter in die Röhre und in den Tunnel machen.

Das war ein interessanter Spaziergang gewesen und auf diese Weise lernten wir auch die nähere Umgebung etwas genauer kennen.

Zurück an Bord waren wir froh, als uns die Wärme der *INGRINE* wieder umgab.

Es war noch zu früh für Feierabend und daher beschloss ich noch etwas zu basteln.

Der Schlauch der Warmluftheizung unter der Sitzgruppe rutschte immer rückwärts von der Luftdüse, die die warme Luft in den Raum leitete und heizte so mehr den Innenraum der Bank als den Salon auf. Also wurde die Bank abgebaut und der Schlauch freigelegt. Das zerfranste Ende des Aluminiumrohres wurde gekürzt und der Schlauch neu auf die Düse aufgesetzt. Damit der Schlauch nicht

erneut nach hinten runterspringt wurde er mit einer Rohrschelle festgezogen und der Schlauch zusätzlich fixiert.
Der Rest des Tages verlief ohne weitere Besonderheiten. Immer und immer wieder fiel mir etwas Neues ein, an dem man noch etwas ändern konnte und was es noch zu erledigen gab.
Die Zettel mit den verschiedenen Listen der Arbeiten, die noch am Boot zu machen seien und die daraus resultierenden Einkaufslisten wurden immer länger und länger.
Da erwartete uns im Frühjahr noch so einiges an Arbeit. Einiges davon konnte jetzt aber erst einmal warten und hatte Zeit bis zum Ende der Winterpause. Anderes konnte auf Grund des Winterwetters nicht angegangen werden und musste bis März oder April warten.
Es wurde langsam sieben Uhr am Abend und mir war aufgefallen, dass wir in diesem Jahr noch nichts zu Essen gekocht hatten. Also wurde das Werkzeug beiseite geräumt und die Pfanne aus dem Schrank beholt.
Für den heutigen Abend hatten wir uns beim Einkauf in Gray zwei schöne Filetstücke gekauft, die nun in der Pfanne leicht angebraten wurden. Der Backofen wurde aufgeheizt und der Inhalt eines Paket Kartoffelgratin kam auf ein Backblech in den Ofen. Das Fleisch war in der Zwischenzeit schön angebräunt. Nun kamen Zwiebelringe, Knoblochflocken und Kräuterbutter dazu und alles wurde zusammen angelöst. Zum richtigen Zeitpunkt kam ein gutes Glas Rotwein dazu.
In einem anderen Topf war etwas Olivenöl erwärmt worden. Ich öffnete eine Dose Ratatouille und füllte den Inhalt in das angewärmte Olivenöl.
Das Fleisch blubberte in der Pfanne im Wein und das Aroma im Schiff wurde superb. Zum Abbinden der Sauce kam aus einer kleinen Dose Tomatenmark dazu und fertig war das Gericht.
Der Tisch wurde gedeckt und die warmen Töpfe fanden ihren Platz auf die eigens dafür gekauften Absteller. Jetzt fehlte noch das Baguette und es konnte losgehen.

Helga hatte in der Zwischenzeit eine CD für den Abend aus unserem Bestand ausgesucht und so hatten wir den ersten Abend im neuen Jahr bei einem guten Essen verbracht.

So konnte das neue Jahr ruhig weitergehen.

Der darauffolgende Sonntagvormittag war wieder dem üblichen Ritual „ Ab nach Hause" gewidmet.
Im Boot wurde aufgeräumt und alle gesäubert. Ich brachte die ersten Sachen ins Auto und Helga war auf der *INGRINE* am Einräumen und Verstauen. Damit im Boot nicht alles so verstaubt kam sie auf die Idee, die nicht in den Schränken verstauten Sachen im Salon und der Kombüse in Tüten zu verpacken.
Nach dem zweiten Landgang zurück im Boot bekam ich einen Rappel.

Tüten, Tüten, soweit das Auge reicht.

Sie hatte es sicher gut gemeint, aber auch irgendwie übertrieben. Selbst der in unserer Kabine stehende Bilderrahmen war eingetütet worden. Es folgten ein Kommentar meinerseits und eine anschließende Diskussion (Vierkommaacht auf der Richterskala) darüber, wie man erfolgreich Verpackungsmüll vermeiden könne, dann war das Thema vorerst Geschichte.

Sie gelobte mir Besserung und ich hatte ihr die Christo-Ekstase verzeihen.

   Das schönste an einem kleinen Streit ist die Versöhnung . . . .

Im Januar waren wir noch weiteres Mal auf dem Boot, um die Elektrikarbeiten abzuschließen und um die in der Zwischenzeit in Deutschland gekauften weiteren Ausrüstungsgegenstände zum Boot zu bringen.

Auf einer weiteren Fahrt nach Frankreich hörten wir am Abend des 11. Februar 2011, einem Freitag, vom Rücktritt des Ägyptischen Staatspräsidenten Hosni Mubarak. Die ganze Woche zuvor klebten wir am Fernsehen und an den Bildern im Internet, um die aktuelle Lage dort nicht zu verpassen. Ich war in der Vergangenheit mehrfach in Ägypten gewesen, einmal auch mit Helga, und hatte dort einige Bekanntschaften geschlossen.
Von dieser Nachricht waren wir in diesem Moment sehr überrascht, da es in den Tagen zuvor nicht danach aussah.
Per SMS schickte ich am nächsten Morgen einen Gruß an einen am Roten Meer kennen gelernten Mitarbeiter einer Hotelanlage. Wir waren erfreut als er uns am Vormittag antwortete, er und seine Familie seien alle wohlauf.
Er hatte sich wahnsinnig darüber gefreut, dass unsere Gedanken an diesen Tagen bei ihm waren.

Der Besuch am Bord wurde zu weiteren Arbeiten genutzt, damit meine Liste endlich einmal kürzer würde. Aber leider wurde ein Punkt gestrichen und abgehakt, dafür aber ein anderer neuer dazugefügt.
In jeder Kabine waren separate Feuerlöscher montiert worden, denen nun in den beiden Schlafräumen zwei Rauchmelder folgten. Für das hoffentlich bald kommende Frühjahr hatten wir zwei Liegestühle besorgt, die ihren vorläufigen Platz in der hinteren Dusche fanden, da sie dort im Moment am wenigsten störten.
Die Aktion mit den Luftentfeuchtern erwies sich als unausgewogen. Zwar waren die Behälter stets voll mit Wasser, wenn wir kamen.

Allerdings zog es an so vielen Stellen im Salon entlang der Fenster und an der hinteren Schürze des Schiebedaches, das wohl ein großer Teil der Feuchte so ihren Weg durch die Luftritzen ins Bootsinnere fand.

Das war leider so und wohl nicht zu ändern.

In Düsseldorf hatten wir Ende Januar die Bootsmesse besucht und uns dort auch sehr viele Impressionen und Anregungen geholt.
Als eine der größeren Projekte im finanziellen Sinne hatte ich mir für den Laptop ein Navigationsprogramm zugelegt, mit dem ich nicht nur die Route planen und berechnen konnte, sondern das mir über GPS unterstützt auch die aktuelle Position des Bootes in der Karte auf dem Bildschirm anzeigt wurde.
Mit dem Programm hatte ich nun eine gute und bessere Planungsgrundlage für die zeitliche Dauer und die Länge der Etappen einer Tour erhalten.

Ich brauche nicht zu erwähnen, dass damit auch bereits durchgespielt wurde, wo uns denn unsere nächste Fahrt im kommenden Urlaub hinführte.

Natürlich alles nur zu Testzwecken.

Vorfreude ist schließlich eine der schönsten Arten von Freuden.

Die beiden Wintermonate des neuen Jahrs vergingen und die Karnevalswoche stand vor der Tür.

Da wir nicht so die Karnevalsfans sind waren wir in den Feiereien nicht eingebunden und konnten das um den Rosenmontag verlängerte Wochenende für einen weiteren Besuch nutzen. Allerdings machte Helga kurz zuvor einen Rückzieher, sie musste am Rosenmontag doch arbeiten.

Es wurde zweimal hin und her überlegt, aber Helga drängte mich aus der Wohnung und so fuhr alleine runter zur *INGRINE*.

An dem verlängerten Wochenende konnte ich einige Änderungen vornehmen. Die im Herbst ausgemessenen Gardinen für die Fenster in der vorderen und der hinteren Kabine wurden angebracht. Wir hatten ursprünglich Gardinenleisten zur Montage vorgesehen, uns dann aber für Drahtseile entschieden, die im Boot wesentlich besser zu montieren waren. Das hatte auch den Vorteil, dass die bereits vorhandenen Schienen für die Nachtverdunkelung nicht versetzt werden mussten.
Danach kam ein etwas mühsamer Teil. Die beiden Tankverschlüsse für Diesel und für Trinkwasser wurden ausgebaut und durch zwei abschließbare Deckel ersetzt.
Nicht dass ich befürchtete, das mit Diesel geklaut würde. Aber wer kann ahnen, auf welche blöden Gedanken übermütige Leute kommen können und mir da irgendetwas anderes reinkippen, und wenn es nur Wasser wäre.
So waren die Deckel zu und ich darüber beruhigter.
Blöd nur, das ich für den Zugang zu den Leitungen den Schrank im Salon ausbauen und den Tank hinter der Eingangstreppe freilegen musste.
Das Wetter war gnädig und so konnte ich ein paar Schraubereien außen an Deck erledigen.
Für vorne hatte ich mir ein schönes neues Doppelhorn zugelegt, da das alte Horn manchmal nicht sofort erklang, sondern einen kleinen Moment brauchte, bis es einen Ton ausspukte.
Irgendwann würde es schweigen und so hatte ich dem vorgesorgt.

    Wir lagen mit der *INGRINE* im hinteren Teil des Hafens und damit weit weg von dem WLan-Sender, der uns das Internet an Bord brachte. Je nach Wetter oder nach Situation, wenn zum Beispiel ein größeres Boot vor uns und damit zwischen uns und dem Sender lag, musste ich an Bord mit dem Laptop im Salon rumsuchen, bis ich einen ausreichenden Empfang hatte. Um das zu verbessern hatte ich im Internet gesucht und eine passende Lösung in Form einer externen Antenne gefunden, die oben am Dach der *INGRINE* angebracht wurde.

Das Signal wurde deutlich stärker empfangen und konnte über ein USB-Kabel unten im Boot dem Laptop zugeführt werden, den Erfolg konnte ich nur bestätigen.

Auch dieses Wochenende war ich fast alleine im Hafen, gelegentlich kam ein Auto vorgefahren und das eine oder andere Boot wurde vom Eigner inspiziert.

An einem späten Vormittag, es müsste der Sonntag gewesen sein, kam ein belgisches Auto vorgefahren und ein Pärchen stieg aus. Sie war in einem dicken dunklen pelzigen Wintermantel gehüllt, er wirkte fast wie in Arbeitskleidung.

Sie spazierte am Ufer entlang, er schleppte schwere Zwanzigliter Kanister gefüllt mit einer rötlichen Flüssigkeit auf den Steg und hinter der *INGRINE* entlang zum hinteren Teil des Steges.

Ungefähr drei oder auch vier Kanister fanden so den Weg auf das Boot VAGABOND, das am äußersten Ende des Pontons vertäut lag.

Im Laufe der Aktion kamen wir ins Gespräch und er erklärte mir die Situation. Die Kanister mit Heizöl waren für seine Heizung bestimmt, die im Winter durchlief und eine minimale Temperatur im Boot vorhielt. So brauchte er keinen großartigen Winterservice veranstalten. Die Beiden waren auf dem Weg zum Wintersport in den Bergen und nutzen den Umweg dazu, den Heizöltank wieder aufzufüllen.

Julien und Ingrid, so die Namen der Beiden, kamen aus Mechelen unweit der Deutsch-Belgischen Grenze und wohnten damit auch nicht so weit von Düsseldorf entfernt.

Wir wechselten noch einige Worte, dann stiegen die Beiden wieder in ihr Auto und entschwanden in die Skiferien.

Ein nettes Paar, wie sich herausgestellt hatte, hoffentlich sehen uns öfters.

Am Rosenmontagmorgen schob ich einen Semifaulen Tag ein. Am Vormittag wurde nicht mehr viel gebastelt, mehr aufgeräumt und weggepackt. Am Mittag sollte die Rückfahrt erfolgen, zu spät sollte es auch nicht werden.

Beim Wegpacken meiner Unterlagen hielt ich auf einmal die Jahresvignette für 2011 in der Hand, die ich im Internet bei VnF gekauft hatte.

Na gut, so mein Gedanke, die kann ich ja noch an der Scheibe anbringen. Aber mein Versuch, die alte abgelaufene Vignette zu entfernen, artete in einer größeren Aktion aus. Der Klebestreifen, mit der die alte Vignette angebracht worden war, wollte partout nicht vom Glas herunter. Mit einem Glasschaber wurde an der Scheibe rumgekratzt, bis endlich das letzte Stück vom Klebeband von der Scheibe entfernt worden waren. Dafür lagen jetzt dutzende kleine Krümel von dem Kleber unter der Scheibe.

Jetzt musste ich doch tatsächlich den Staubsauger noch einmal herauskramen, um das Zeug zu entfernen.

Wer keine Arbeit hat macht sich welche.

Aber aus Fehlern wird man ja klug.
Die neue Vignette bekam in Düsseldorf bereits eine Hülle aus Kunststoff, ich hatte sie im Vorfeld dort kurzerhand einlameliert, um sie so vor der Feuchtigkeit zu schützen, die am Morgen immer vorne an den Fenstern herabläuft.

Das ganze Ding wurde nun mit einem anderen transparenten Klebeband an die Scheibe gepappt und fertig war die Sache.

Die anschließende Rückfahrt nach Düsseldorf war Routine. Jetzt kam allerdings langsam der Wunsch auf, die *INGRINE* wieder aus dem Winterschlaf zu erwecken und das volle Leben an Bord genießen zu können.

Bis zum Sommer und bis zum Urlaub war es aber noch so lange hin.

Frühlingserwachen

Nach dem nie endenden frostigen Winter setzte dann im Frühjahr endlich die Schneeschmelze ein und die Natur erwachte zu neuem Leben. Die Wälder und Wiesen wurden wieder grün und in den Bäumen trällerten die Vögel ihre Arien zum Gruß an den neuen Tag.

Von dem Krach geweckt krochen wir aus unserer Kabine und warfen die Kaffeemaschine an.

Den ganzen Winter über hatten wir davon geträumt, aber heute, am neunten April war es soweit, die *INGRINE* sollte wiedererweckt werden. Nach dem Frühstücken ging es mit dem Auto nach Dampierre um unsere Einkäufe zu erledigen. Auf dem Boot zurück wurde alles schön verstaut und dann wurde sich umgezogen.

Als erstes wurde der Wassertank gefüllt und dabei ein Aufbereitungsmittel dem Wasser im Tank zugegeben. Das Füllen dauerte gute vierzig Minuten, da der Tank vor dem Winter komplett geleert worden war. Damit war die Wasseranlage auch desinfiziert. Die Verschraubungen der Leitungen unten im Bereich der Druckpumpe wurden kontrolliert, aber es war alles dicht.

Nun galt es, den Kühlwasserstand im Motorkreislauf zu prüfen. Der Füllstand war etwas gesunken und wurde mit zwei Litern Frostschutzmittel aufgefüllt, bis das Druckausdehnungsgefäß zur Mitte gefüllt war.

Der Ölstand wurde nachgesehen, aber der stimmte und war in Ordnung. Im Boot wurde das Lenzventil für den Motor geöffnet und der Wasserfilter im Motorraum verschlossen. Unten im Motorraum war die Starterbatterie für den Motor, die nun über den Hauptschalter wieder an das Motorstromnetz geschaltet wurde.

Jetzt kommt der spannende Moment. Der Zündschlüssel wurde ins Zündschloss gesteckt und in die Betriebsstellung gebracht. Sofort blinkten die Kühlwasserwarnung und die Öldruckanzeige.

Bis hier war alles im grünen Bereich. Die Batteriespannung vom Motor zeigte mit elf Volt an, nun das war nicht gerade viel. Ein letztes Absprechen mit Helga erfolgte, dann wurde der Antrieb ausgekuppelt und der Gashebel leicht nach vorne geschoben.

Ich drückte den Vorglühknopf durch und hielt in für eine halbe Minute unten, so wie es uns im letzten Jahr gezeigt worden war. Nach dem Vorglühen zeigte mit der Spannungsmesser noch acht Volt an und ich war skeptisch, ob das zum Anspringen reichen würde. Notfalls muss das Ladegerät erst angeschaltet werden, um die Batterie voll aufzuladen, dann erfolgt der nächste Versuch einen Tag später.

Der Zündschlüssel wurde in die Startstellung gedreht und der Starter drehte an. Nach zwei Umdrehungen sprang der Motor an, als ob wir ihn erst am Tag zuvor abgestellt hatten. Von Helga bekam ich von draußen die angeforderten Informationen, die wir vorher abgesprochen hatten.

Der Motor raucht leicht und Kühlwasser wird ausgepumpt. Genauso wie es sein sollte. Der Antrieb wurde zugeschaltet und bei leichtem Standgas drehte die Schraube mit. Dadurch ließ das rauchen nach dem Start fast sofort nach.

Ich ließ den Motor nun warmlaufen, allerdings nahm ich nach einigen Minuten den Antrieb weg und erhöhte die Drehzahl leicht. Nun galt es abzuwarten, ob der Motor die neunzig grad erreicht und hält und nicht überschreitet. Das Kühlsystem sollte man nach längerem Stillstand genausten prüfen, um nachher keine böse Überraschung zu erleben.

Während der Motor vor sich hinlief hatte Helga sich einen Schrubber geschnappt und mit Eimer und Wasser bewappnet machte sie sich daran, das Boot von außen abzuschrubben. Wir hatten für die heutige Aktion das perfekte Wetter erwischt, ein fast klarer Himmel umgab uns und das Thermometer zeigte annähernd zwanzig Grad an.

Mit dem Wasserschlauch wurde noch der letzte Rest vom Wintergrau von der *INGRINE* gespült, nun lag sie wie neu vor uns.

Bis auf das graue Deck und das braune Dach.

Die Kühlwassertemperatur hatte sich in der Zwischenzeit auf Einundneunzig Grad eingepegelt, damit war am Motor alle klar und durch das warme Kühlwasser war auch die Warmwasserversorgung an Bord wieder vorhanden.
Wir tauschten die Festmacher, mit denen die *INGRINE* am Steg befestigt war gegen einen Satz neuer schwarzer Taue aus, die wir extra zum Frühjahr gekauft hatten.
Anschließend wurde noch das Wasser aus der Motorbilge in Kanister abgepumpt, das durch Öltropfen leicht verunreinigt war. Die Kanister entleerten wir an Land in eine große Zisterne, die dort zum Aufsammeln für Bilgenwasser stand. Ich hatte vorher im Büro um Erlaubnis gefragt und Monique sagte mir, dafür sei der Behälter da, es sei kostenlos und im Liegeplatzpreis enthalten. So konnte ich mir die Entsorgung an anderer Stelle sparen. Ich habe dann im Büro zehn Euro für die Kaffeekasse hinterlassen, worüber man sich sehr freute.
Die Uhr zeigte fünfzehn Uhr an und nach kurzer Beratung hieß es Strom ab, Leinen los, Probefahrt.

Zum ersten Mal nach der Ankunft im November verließ die Ingrine ihre Box. Behutsam vollbrachte ich das Manöver, da in der Zwischenzeit mehrere Leute im Hafen auf ihren Booten zugegen waren und natürlich einen Blick zu uns warfen, als wir zwischen den Stegen nach vorne zum Kanal gleiteten.
Aus allen Richtungen wurde uns freundlich zugewunken, als die *INGRINE* zwischen den Stegen den Kanal erreichte. Nach rechts kamen nach ein paar hundert Metern der Tunnel und die Schleuse, also blieb uns vorerst nur der Weg nach links hoch zum Ausgang des Stichkanals in die Saône, den wir noch nie befahren hatten.

Die *INGRINE* wurde auf Kurs gebracht und langsam folgten wir dem Kanal, der nach einigen hundert Metern leicht nach rechts abbog. Was dahinter kam kannte ich nur aus dem Kanalführer, der bei mir am Steuerstand lag.

Zum Ende des Kanals kam eine kleine Brücke direkt am Hochwassertor, dahinter waren wir wieder auf dem Fluss unterwegs. Helga übernahm das Ruder und ich machte einen Rundgang an Deck. Ein paar Fotos wurden geschossen und mein Augenmerk galt wieder dem Kühlwasseraustritt hinten am Boot, aber da war alles in bester Ordnung. Wir fuhren dem Lauf der Saône entgegen, die aber auch hier keine besondere Strömung hatte. Die *INGRINE* lief prächtig und wir waren uns nicht einig darüber, ob unser Urlaub bereits angebrochen sei.

Nach viel zu kurzer Zeit erreichten wir Recologne als unseren zuvor ausgesuchten Wendepunkt. Den Ort hatten wir uns ausgewählt, da die Saône hier nach rechts in einen verwilderten Bereich abbog, während die Hauptstrecke durch einen schnurrgeraden Stichkanal einen Bogen von etwa vier Kilometern abkürzte.

Die vor getroffene Absprache ignorierend setzte die Crew der *INGRINE* ihre Fahrt fort, die sie in den Stichkanal und damit weiter in nördliche Richtung führte. Auf halber Strecke im Kanal gab es eine Hochwasserschleuse, die aber nur bei erhöhtem Wasserstand in Betrieb war und nun für uns mit allen Toren weit geöffnet vor uns lag.

Die Geschwindigkeit, die im Kanal bereits gedrosselt worden war, wurde noch weiter reduziert, da ich nicht so durch die Schleusenkammer rauschen wollte.

Das letzte Stück des Kanals wurde erreicht und oberhalb konnten wir den eigentlichen Fluss wiedersehen, der uns linksherum unter eine größere Brücke führte.

Vierhundert Meter oberhalb gab es einen Abzweig nach links in den Altarm der Saône, der mit einem Meter Tiefgang bis Ray-sur-Saône kurz unterhalb vor dem Wehr befahren werden kann. Die Hauptrichtung führte halbrechts in die Schleuse von Ray.

Begünstigt durch unseren geringen Tiefgang begaben wir uns auf das Abenteuer, den Fluss weiter bis zum Haltepunkt in Ray zu befahren, das Chateau oben am Hang, Motiv von unzähligen Ansichtskarten, lockte uns an.
Helga wurde nach vorne auf das Deck geschickt, um im Wasser nach Untiefen Ausschau zu halten. Die flachste Stelle auf den sechshundert Metern bis zum Ende der befahrbaren Strecke war mit einigen Bojen ausgeschildert, trotzdem musste man die Karte mit dem Verlauf der Fahrrinne im Auge behalten.
Eine lang gezogene Kurve gab beim Befahren den Blick auf die Steganlage mit den drei Halteplätzen frei. Ein einziges Boot, eine Penichette vom Bootsvermieter Locaboat, lag am vordersten Steg vertäut, an der ich mich vorbei schob und den mittleren Platz belegte.
Die Strömung war hier auf Grund des Stauwehres etwas stärker und die *INGRINE* wurde etwas anders an den Klampen belegt, als es sonst der Fall war.
Ein wunderschöner Picknickplatz direkt am Dorf unterhalb vom Chateau, dass wir allerdings durch die Häuser verdeckt nun nicht mehr sehen konnten.
Der Motor wurde abgestellt und das Boot verschlossen und mit Helga und dem Fotoapparat im Arm ging es auf Besichtigungstour.

Auf war genau das richtige Wort. Die kleine Hauptstrasse führte vom Haltepunkt hoch auf das Plateau, wo irgendwo der Prinz seine Hütte hatte.
Oben auf dem Hügel angekommen suchten wir vergebens nach einem Erfrischungsstand, der aber wohl gerade versteckt worden war. Es war zwar warm, aber so warm auch nicht, dass es einem so plättete, nur weil man den Eiger hochgekraxelt war. Von hier oben hatten wir aber eine tolle Aussicht auf das siebzig Meter unter uns gelegene Saônetal.
Das Chateau ist Privatbesitz und teilweise bewohnt, der Garten und die Parkanlage darf aber betreten werden. Einzige Ausnahme oder

Bedingung: es darf nicht durch die Fenster in das Schloss geschaut werden.

Privatsphäre, die sollte respektiert werden.

Wir sind oben im Park noch eine ganze Weile umher spaziert und haben auch einen kleinen Friedhof in der hinteren Ecke vom Park gefunden. Dort lagen auch noch einige frische Blumen und ein Kranz, der Friedhof wird wohl immer noch benutzt oder gewartet. Entlang der unteren Festungsmauer sind wir dann zurück zur Straße spaziert und kamen kurz vor dem Ausgang an einer Linde vorbei, an deren Stamm eine Tafel angebracht war und an das Datum der Einpflanzung durch Roze de Roy, der Ehefrau von Alexandre de Marmier im Jahre sechzehnhundertneun erinnerte.

Ein schöner Baum, der uns manch eine gute oder böse Geschichte erzählen könnte.

Auf dem Abstieg zum Dorf sind wir noch an der Kirche und das Waschhaus vorbeigekommen, das wir uns noch angesehen hatten. Auch hier hatte wie in Tonnerre eine klare Quelle das Becken gefüllt, allerdings nicht aus einem tiefen Brunnen, sondern aus einer profanen Wasserleitung, die irgendwo aus dem hang hinter der Kirche hierhin verlegt worden war.
Im Dorf war nicht viel los. Unten gab es ein kleines Restaurant, ein weiteres war in der Nebenstrasse ausgeschildert. Gegenüber war eine kleine Metzgerei mit Lebensmittelverkauf, hier konnte man auch Gasflaschen tauschen.
Kurz vor achtzehn Uhr waren wir an der *INGRINE* zurück und machten uns fertig für die Rückfahrt. Der Motor wurde gestartet und die Leinen gelöst. Ich ließ die *INGRINE* leicht in den Fluss treiben und drehte dann nach Steuerbord an, die Strömung erfasste das Schiff und drehte es fast auf der Stelle, bevor ich langsam zurück in Richtung der ausgetonnten Passage steuerte.

Hinter uns blieb ein netter kleiner Ort zurück, den wir bestimmt öfters besuchen würden.
Nachdem wir auf dem Hauptstrom waren konnte ich die Geschwindigkeit etwas erhöhen und zurück ging es auf derselben Strecke, wir hätten auch anstatt des Stichkanals die Saône nehmen können, aber ich wollte es jetzt nicht übertreiben.
An der Hochwasserschleuse kamen uns zwei Mietboote von Saône Plaisance von unserem Hafenbetreiber entgegen, die ich in der Passage an der Schleuse zuerst durchließ, obwohl ich als Talfahrer Vorfahrt hatte.
Helga hatte ihren Spaß dabei zuzusehen, wie die zwei Boote durch die Schleusenanlage rempelten.
Ich ließ die Boote in einem sicheren Abstand vorbei und nahm dann die Fahrt wieder auf. Das restliche Stück zum Hafen verlief ohne Besonderheiten und um Viertel nach Sieben legte ich die *INGRINE* wieder Rückwärts in ihre Box.
Beim Einfahren und Anlegen nahm ein Stegnachbar, den wir bisher noch nicht kannten, unsere Leinen an.
Der Motor wurde abgestellt und die *INGRINE* mit den anderen alten Festmachern belegt. Die neuen Taue sollten ausschließlich für unsere Fahrten vorbehalten sein.
Am nächsten Vormittag wurden von mir noch einmal Kühlwasser und Ölstand kontrolliert, aber alles war in bester Ordnung.
So konnten wir nach diesem Wochenende beruhigt nach Hause fahren, auf der *INGRINE* war alles startklar und der Winter hatte dem Boot offensichtlich nicht angehabt.
Es war gut zu wissen, dass die *INGRINE* die lange Zeit des Stillstandes unbeschadet überstanden hatte, aber als ehemaliges Mietboot war sie das eigentlich gewohnt, wenn man bei einem Boot von gewohnt sprechen kann.
In zwei Wochen wollten wir mit meinem ältesten Sohn Pascal und seiner Freundin das Osterwochenende auf dem Boot verbringen und mit den Beiden zu einer kleinen Tour starten.

Alles war vorbereitet und klar für diese Abfahrt.

Aber jetzt mussten wir erst einmal zurück nach Düsseldorf, zwei Wochen Arbeiten lag noch vor uns, dann was es soweit.

Ostergrillen im Burgund

Ostern 2011 kam näher und wir freuten uns auf die paar Tage an Bord der *INGRINE*.
Wir hatten uns mit Pascal und Lorena verabredet, die mit uns gemeinsam nach der Arbeit im Auto nach Frankreich fahren wollten. Kurz nach Sechzehn Uhr kamen die Beiden bei uns vorgefahren, das kleine Gepäck für die vier Tage wurde umgeladen und dann ging es los.
Die Hinfahrt nach Frankreich war ohne Besonderheiten und am späten Abend waren wir an der *INGRINE*. Das übliche verspätete Abendessen an Bord erfolgte in Form von Pizza und Baguette und dann kehrte die Nachtruhe ein.
Am nächsten Morgen, Karfreitag der einundzwanzigste April, gab es ein ausgedehntes Frühstück, die benötigten Sachen hatten wir uns diesmal aus Düsseldorf mitgebracht, wir hatten ja schließlich Gäste an Bord.
Beim Frühstück wurde die Einkaufsliste geschrieben, die langsam drohte die Form eines Romans anzunehmen. Nach dem letzten Kaffee wurden die Einkaufstaschen in das Auto verfrachtet und auf

ging es nach Dampierre, die Tüten zu Füllen, was wir dort ohne große Probleme hinbekamen.
Pascal war in seinem Element. Viele Verpackungen von Lebensmitteln und Getränken erkannte er aus vergangenen Zeiten wieder, viele Erinnerungen kamen ihm auf und so einiges fand dadurch den Weg in den Einkaufswagen.

Ob er eigentlich wusste, dass das Osterwochenende nur vier Tage hat?

Wie auch immer. Die Kasse nahm unser Geld an und wir schleppten die Einkäufe zum Auto und später zum Boot. Nach Rückkehr im Hafen hielt ich vorne am Büro an, ich musste für unser Wochenende auftanken und wollte wissen, wann ich dies machen könnte. Monique begrüßte uns und ich machte mit ihr einen Zeitpunkt in einer halben Stunde aus.
Die Zeit würde aus unserer Sicht reichen, die Taschen ins Boot zu verfrachten und die *INGRINE* zur Abfahrtbereit zu machen.
Das Auto wurde am Grünstreifen im Hafen geparkt und nachdem alles an Bord war startete ich den Motor, während Helga und Lorena die Einkäufe in den Kühlschrank stopften.
Die Taue wurden gelöst und sogleich gegen die neuen ausgetauscht, die bereits parat lagen. Langsam ging es aus der Box nach vorne in den Kanal, immer einen Nachbarn links und rechts grüßend. Im Hafenbereich war kein anderes Boot unterwegs und so hatten wir freie Fahrt bis vorne zum Hafenbüro. Dort ging es langsam an die Steganlage und rückwärts an den Ponton, um zum Tanken richtig zu liegen.
Derweil kam Olivier, ein Mitarbeiter der Werft, den wir in der Zwischenzeit kennen lernen konnten, mit Zapfpistole bewaffnet ans Boot. Er fragte die zu tankende Menge ab und ich gab ihm zu verstehen: Plein, voll.

Unserem Peilstab nach sollten einhundertsechzig Liter Diesel in den Tank passen, Olivier quetschte einhunderteinundachtzig Liter in den Bauch der *INGRINE* hinein.
Der Tankverschluss wurde aufgeschraubt und hinein ging es zu Monique, um zu zahlen.
Gleichzeitig meldete ich uns für das verlängerte Wochenende ab und Monique wünschte uns ein paar schöne Tage auf der Saône.
Zurück an Bord wurde der Motor wieder gestartet und langsam ging es aus dem Hafen heraus und ab in den Kanal Richtung Tunnel, in dem wir wegen der auf grün geschalteten Ampel direkt einfahren konnten.
Lorena war beeindruckt davon, mit einem Boot einen Tunnel zu durchfahren, davon hatte sie noch nie gehört.
Die Schleuse von Savoyeux wurde erreicht und das Boot kurz registriert. Ich gab unser voraussichtliches Reiseziel und die Rückkehr in zwei Tagen an und alles war gut. Die Taue kamen um die Poller vorne und hinten am Boot und abwärts ging es.
Die Uhr zeigte elf Uhr fünfzig, als wir die Schleusenkammer im Unterwasser verließen und nach rechts in die Saône einbogen, die von links von den Stauwehren auf der anderen Seite des Hügels geflossen kam.
Ich erklärte Pascal den weiteren Verlauf der Saône und übergab ihm das Ruder, er hatte früher ja auch schon bei unseren Mietboottouren am Steuer gestanden.
Die Karte hatte ich ihm mit der passenden Seite zurechtgelegt, so konnte ich nach oben an Deck gehen und dort mit den anderen die Sonne genießen. Das war schon ein ungewohntes Gefühl, sich oben sitzend durch die Landschaft kutschieren zu lassen.
Die Passagen durch die Hochwassertore vor den Schleusen und die Schleusenein- und Ausfahrten überließ er mir, danach wechselten wir das Ruder.
Die beiden Schleusen von Vereux und Rigny waren zügig passiert und nun lag Gray vor uns, das wir im Hintergrund langsam ausmachen konnten.

Die *INGRINE* lief genauso gut wie im Vorjahr, als wir im Herbst die Saône in der Gegenrichtung befuhren.
Wir erreichten die Engstelle vor den letzten Flussbiegungen und die Fahrt wurde verlangsamt, aber es kam uns auch hier kein Boot entgegen.
Erst kurz vor der letzten Kurve vor Gray kam uns zweihundert Meter vor den Silos ein Boot entgegen, das Helga und ich zeitgleich erkannten. Es war die RONFLEUR von Patrick Hargous, der im Herbst eine Woche auf unsere *INGRINE* am Schwimmbad in Gray aufgepasst hatte.
Wir hupten uns zu und er winkte und gab uns ein Zeichen, wir sollten am Schwimmbad auf ihn warten, er macht gerade eine kleine Rundfahrt mit seinen Gästen an Bord, die uns ebenfalls zuwinkten.
Am Schwimmbad wurde gestoppt und auf die Rückkehr der RONFLEUR gewartet.
Pascal und Lorena nahmen sich derweil die Fahrräder vom Dach der *INGRINE* und starteten als Vorauskommando zu einer kleinen Tour runter in die Stadt.
Patrick kam kurz darauf und wir wechselten ein paar Worte. Wir sind dann anschließend nach der Rückkehr von Pascal und Lorena wieder aufgebrochen, wir wollten nicht so früh hier am Schwimmbad den Tag beenden.
Mit der *INGRINE* ging es vorbei an der Basis von LeBoat, die Pascal vom Vorjahr aus einer anderen Perspektive her kannte.
Wer hätte sich damals vorstellen können, dass wir ein Jahr darauf zu Ostern mit dem eigenen Boot genau diese Stelle passieren würden?

Gleich darauf wurde die *INGRINE* nach Steuerbord nahe unter land dirigiert, da hier die Einfahrt zur Schleuse von Gray lag. Die Ampel stand auf rot, warten war angesagt. Nach ein paar Minuten ging das Obertor auf und ein Mietboot kam uns entgegen, dass ich erst vorbeiließ, bevor ich die *INGRINE* zur Schleuse steuerte.

Die Taue wurden um die Poller gelegt und der Schleusenvorgang durch Heben der blauen Stange ausgelöst, das sich Lorena diesmal nicht nehmen lassen wollte.

Die Klingel ertönte und das Tor verschloss sich hinter dem Boot. Die Schütze am vorderen Tor zogen hoch und für uns ging es damit Abwärts.

Als sich das Tor danach öffnete waren wir fast sprachlos. Vor uns lag ein doppelt so weiter Fluss und dahinter eingerahmt vom blauen Himmel sie Silhouette von Gray. Vor der Schleusenausfahrt kreuzten mehrere Mietboote um einen Platz in der Schleuse zu erwischen, aber bevor die rein konnten mussten sie mich erst herauslassen.

Da die Boote mitten im Fahrwasser keine Anstalten machten an die Seite zu gehen stoppte ich die *INGRINE* auf und blieb im Unterwasser der Schleuse liegen. Jetzt erst kam man auf die Idee, den Platz für die Durchfahrt freizumachen.

Ob die sich beim Autofahren auch so verhalten?
Auf der Fahrt von Savoyeux nach Gray waren den Damen noch ein paar Dinge eingefallen, die beim Einkaufen vergessen worden waren, daher wollten wir unten am Quai Mavia kurz anhalten, dahinter lag ja der Intermarché, den wir mit dem Auto im Winter bereits besucht hatten, mit dem Boot zum Einkaufen zu fahren war ein Novum.
Der Einkauf war schnell erledigt und wir überlegten, hier in der Stadt zu bleiben oder noch das kleine Stück weiter bis Mantoche zu fahren, dort gab es den schönen Anleger am Schlösschen.
Wir entschieden uns für die Weiterfahrt und legten wieder ab.
Nach einer Stunde erreichten wir Mantoche und waren sehr erfreut, der Halteplatz war bis auf ein Boot leer und so hatten wir die große Auswahl. Die *INGRINE* wurde im Fluss in einem eleganten Bogen gedreht und so ans Ufer geführt. Sanft und sachte legten wir an der Ufermauer an und brachten die Leinen aus.
Die Wiese vom Grillplatz war frisch gemäht worden und der Duft von dem Gras lag in der Luft. Hier hatten wir einen guten Platz erwischt und die Entscheidung für die Weiterfahrt hierhin war die richtige gewesen.

Pascal erkundete das Umfeld und Lorena ließ es sich nicht nehmen, den Herd zu besetzen.

Helga erklärte ihr den Platz der von ihr benötigten Utensilien und ging ihr auch etwas zur Hand. Ich genoss derweil die Sonne mit einem Glas Wein an Land.

Ich nutze die Gelegenheit auch dazu, von dem kleinem Chateau ein paar Fotos zu machen. Wenig später kam ein Bauer und führte ein Pferd oben an den Fluss, um es dort zu baden.

Das war natürlich genau das richtige für Lorena, die sich darüber amüsierte, wie das Pferd immer wieder aus dem Wasser wollte.

Neben dem Boot schwammen einige Enten, die sich den einen oder anderen Brotkrumen erhofften. Darunter war auch eine ausgesprochen schöne und bunte Ente, die aussah wie von einem Kalenderblatt.

Das Abendessen war fertig und Lorena rief uns zu Tisch. Helga und ich waren sehr erleichtert, dass sich Lorena an Bord auch wirklich wohl fühlte und sich so einbrachte.

Nach dem Abendessen wurde die *INGRINE* verschlossen und es ging los auf eine Besichtigung der anderen Seite des Chateaus und damit vom Ort selber.

Mantoche war selber nicht sehr groß und das hübsche Schloss vom Wasser sah auf der anderen Seite im Ort aus wie ein alter Bauerhof.

Gegenüber vom kleinen Rathausplatz gab es ein kleines Cafe und wir beschlossen dort noch einen Kaffee zu trinken, um dem Essen einen würdigen Abschluss zu geben.

Nach dem Kaffee folgte noch ein Calvados und irgendwie schafften wir es auch uns dort loszueisen und zum Boot zurück zu finden.

Der heutige Tag war in allen Punkten super verlaufen und wir waren darüber auch sehr erfreut.

Irgendwann wurde nach einem letztem Glas Wein die Nachtruhe eingeläutet und an Bord der *INGRINE* die Lichter gelöscht.

Die Nacht verlief ruhig, nur unterbrochen vom Bimmeln der Kirchturmglocke zu jeder Stunde. Aber das gehörte hier dazu, irgendetwas hätte hier auch sonst gefehlt.

Nach der ruhigen Nacht stand ich wie gewohnt kurz nach sechs Uhr auf und versorgte uns mit frischen Kaffee, den ich selber vorne auf dem Vorschiff in der morgendlichen Sonne genießen konnte. Später am Morgen erwachten der Rest der Crew und die Gäste in unterschiedlicher Reihenfolge.

Lorena probierte die Dusche aus, nur durch den fehlenden Strom hier am Anleger klappte es nicht mit dem Fönen. Aber das stellte für sie auch nicht so ein großes Problem dar. Im Dorf wurde ein frisches Baguette besorgt und beim Frühstück über den gestrigen Tag weitererzählt.

Die Kombüse wurde von den Spuren des Abendessens befreit und nachdem die letzten Brotstückchen den Enten im Wasser geopfert worden sind waren wir bereit für die Weiterfahrt. Das Deck wurde noch von Fliegenlarven gereinigt, die am Abend durch das Licht im Salon angelockt hier ihr Ende gefunden hatten.

Unser ursprünglich gesetztes Ziel Saint Jean de Losne wurde auf Auxonne reduziert, so hatten wir keine Hetze und konnten sicher sein auch stressfrei dort anzukommen und hatten ausreichend Zeit und die Stadt auch etwas anzusehen.

Der Motor wurde gestartet und um viertel nach zehn legten wir in Mantoche ab.

Noch immer war sehr wenig Betrieb auf der Saône, aber das konnte uns nur recht so sein. Nach einem kurzen Stück auf der Saône ging es bereits nach einem Kilometer rechts ab in den Kanal zur Schleuse von Apremont.

Nach der Durchfahrt des Hochwassertores gab es bereits ein erstes Highlight. Direkt neben der Brücke war im Uferdickicht ein Schwanennest, in dem noch die Schalenreste von den geschlüpften Kücken zu sehen waren. Die Schwäne selber standen unterhalb am Wasser und fauchten uns an, als die *INGRINE* in Langsamfahrt vorbeikam.

Nach der Schleuse von Apremont kam das vierzehn Kilometer lange Flussstück ohne Schleuse, das uns durch den Wald, in dem wir auf der Fahrt im letzten Jahr unsere Übernachtung mit Opernmusik hatten, führte.

Am Anleger lag ein einzelnes Boot, Spätaufsteher.

Entlang der bunten Gärten führte uns unser weiterer Weg an die Schleuse von Heuilley heran, vor der kurz zuvor von rechts der Canal entre Champagne et Bourgogne einmündet. Ich gab ein Schallsignal, aber keine Antwort war zu vernehmen, es war kein Boot von Steuerbord zu erwarten.

Die Schleuse selber war nicht für uns vorbereitet, wir mussten nach der Anmeldung mit der Stange über dem Wasser eine Weile warten, bevor sich das Tor für uns öffnete.

Die Kammer erschien mir etwas schmaler als die anderen Schleusen, womit ich Recht hatte, wie wir zu einem späteren Zeitpunkt von einem Binnenschiffer erfuhren.

Gewöhnt zügig ging es knapp zwei Meter runter und das Tor unten ruckelnd auf.

Aus der Schleuse kamen wir unmittelbar vor einer engen Biegung der Saône heraus und ich konnte nur einen begrenzten Abschnitt vor uns einsehen. Einen Kilometer weiter erfolgte eine weitere enge Kurve in die andere Richtung, die aber zum Ende wieder breiter wurde und uns die Sicht auf weite Wiesen und Felder freigab. Pontailler-sur-Saône lag mit dem Hauptteil des Ortes an unserer Steuerbordseite und wurde zwei weitere Kilometer später erreicht. Hinter einer Brücke lag ein Anleger, den wir uns zur Mittagspause ausgesucht hatten, an dem es aber leider keinen Platz mehr gab.

Notgedrungen wurde die Fahrt fortgesetzt, die uns durch den Wald Bois de Vervotte bei Vonges führte. Das war der drei Kilometer lange Abschnitt der Saône, an dem hier nicht gehalten werden durfte, Liegeverbot wegen der Nähe zur Pulverfabrik von Vonges.

Kurz vor dem nächsten Ort kam im Wald ein kleines Restaurant und Pascal machte den Vorschlag, es dort mit der Mittagspause zu versuchen, er wollte uns zum Essen einladen. Nach kurzer Beratung kamen wir zu dem Entschluss, lieber am Abend essen zu gehen, dann bräuchten wir auch nicht so auf den Weinkonsum achten.

In einer weiten Kurve führte die Saône uns aus dem Wald auf eine Brücke zu, vor der am rechten Ufer ein Gemeindecampingplatz lag. Am Ufer gab es eine Mauer als Anleger, der als Haltepunkt deklariert war uns Platz für drei bis vier Boote gab. Oberhalb gab es eine ausreichende Lücke für uns und die *INGRINE* wurde hier für die Mittagspause an die mauer gelegt.
Auf dem Campingplatz, eher ein Wiesenparkplatz, standen einige vereinzelte Wohnmobile, deren Besitzer oder Mieter unser Anlegemanöver aufmerksam verfolgten.
Der Motor wurde abgestellt und ein kleiner Snack vorbereitet. Es war zwar bereits halb zwei, also früher Nachmittag, aber das interessierte uns nicht so doll. Bis das Essen fertig war hockten sich die weiblichen Mitreisenden auf das Vorschiff in die Sonne, die Männer mussten die Güte und Qualität des Rotweines im Auge behalten.

So richtig hatte keiner Hunger, es war in der Mittagszeit einfach schon zu warm geworden. Lorena hatte kurzer Hand zwei Schüsseln Salat angerichtet und es war Baguette aufgebacken worden. Ein bisschen wurde schon geknabbert, aber es hielt sich in Grenzen.
An Deck wurde ein bisschen gedöst und Sonne getankt, bevor es später weitergehen sollte. Um fünfzehn Uhr waren wir in den Vorbereitungen zur Weiterfahrt, als uns ein Lastkahn in unserer Richtung fahrend passierte. Jetzt konnten wir uns für die nächsten vier Kilometer Zeit lassen, da wir mit dem Frachter nicht zusammen in die Schleuse passten, die war zu kurz dafür.
Dennoch wurde der Motor gestartet und die Leinen gelöst, aber fast in Schleichfahrt ging es auf den Fluss. Vorbei an Lamarche konnten wir vom Boot aus die schöne Kirche mit den beiden Doppeltürmen bewundern, die uns im Vorjahr bereits aufgefallen war. Zwanzig Minuten später hatten wir den Frachter eingeholt, der im Oberwasser der Schleuse wartete, da die Ampel auf warten stand. Von unten waren zwei Mietboote in der Schleuse und damit beschäftigt, ihre Leinen an den Pollern zu befestigen. Vorbildlich waren die an Land

und auf dem Boot befindlichen Kinder mit Schwimmwesten ausgestattet.
Zum Glück war der Hub der Schleuse nur einen Meter fünfzig hoch und es ging bald weiter.
Nicht für uns, da erst die Mietboote aus der Schleuse mussten, dann kam der Frachtkahn dran, und dann war es für uns soweit.
Das hatte uns ein wenig aufgehalten, aber nach der Schleuse waren es nur noch fünf Kilometer bis zum Ziel in Auxonne.
Auf dem letzten Stück unserer heutigen Fahrt kam zuerst noch einmal etwas Wald, der sich dann zurückzog und den Blick auf Wiesen und Weidenland freigab. Am Ufer gab es immer wieder Stellen mit Bäumen und Büschen, an denen sich an vielen Stellen Angler mit Zelten niedergelassen hatten. Im Hintergrund konnte man einen Kirchturm sehen, der zur Kirche von Auxonne gehörte und stetig größer wurde.
Eine letzte Flussbiegung folgte und gab danach den Blick frei auf die Stadt, die ein paar Kilometer Flussabwärts vor uns lag.
Zur Linken konnten wir ein paar Kasernengebäude erblicken, dahinter war das Zentrum mit der Kirche. Vor der Kasernenmauer befand sich der neue Hafen Port Royal, der hier angelegt worden war und indem einige Boote vertäut lagen.
Weiter unten kam die Stadtmauer entlang des Ufers, zu deren Füssen sich ein Anleger befand, den wir uns auserkoren hatten, dahinter lag die Brücke über die Saône.
Wir machten uns fertig für das Anlegemanöver, zudem ich die *INGRINE* gegen die Strömung drehte, wenn man bei der Saône überhaupt von Strömung sprechen konnte. Langsam wie gewohnt ging es an den Steiger und Pascal sprang auf den Steg. Helga gab die Festmacher vorne und achtern an und in kürzester Zeit lag die *INGRINE* am Steg, an dem sich noch zwei weitere Boote befanden.
Strom und Wasseranschluss waren zwar vorhanden, gaben aber nichts her. Auf einer Infotafel konnten wir lesen, dass dafür ein Obolus zu entrichten sei, aber wo?

Vielleicht können wir das im Ort klären, darum wollten wir uns später kümmern, an den beiden anderen Booten war niemand, den wir hätten fragen können.

Zeitlich waren wir gut hingekommen. Es war noch nicht vier Uhr am Nachmittag, als wir die *INGRINE* für einen Landgang in die Stadt verließen. Durch mehrere kleine Seitenstrassen suchten wir uns den Weg ins Zentrum, das wir nicht verfehlen konnten, der Kirchturm war weithin sichtbar. Je näher wir dem Zentrum kamen, desto mehr kleine Geschäfte lagen am Weg. Metzgerei, Blumenladen, Teestube, Bücherladen, und dann standen wir am Platz, links vor uns stand die Léglise Notre-Dame. Der Turm überragte alle umstehenden Häuser um ein Vielfaches und war irgendwie krumm, in sich verdreht. Das hatte, wie ich später lesen konnte, seine Ursache in den Holzbalken für den Dachstuhl des Turmes, die sich im Laufe der Zeit so verzogen hatten. Die vor uns liegende rechte Seite der Fassade war unter Planen gehüllt, hier wurde restauriert.

Wir standen genau neben dem Touristenbüro und ich ging hinein, um mich wegen dem Strom zu erkundigen.

Alles kein Problem, hinter einem Häuschen an der Brücke stände ein Kartenautomat, der den Stromanschluss und das Wasser frei schaltet, die Dame im Office könne es aber auch vom PC ausmachen, wenn wir bei ihr den Strom bezahlen würden.

Und schon hatte die *INGRINE* Strom.

Ich bedankte mich und verließ mit meiner Quittung das Büro. Seitlich entlang der Kirche ging es zum anderen Ende des Platzes, hier stand gegenüber dem Rathaus eine Lebensgrose Statue von Napoleon Bonaparte, der hier in Auxonne einen wichtigen Teil seiner militärischen Ausbildung erhalten hatte.

Wir bummelten noch ein wenig um den Platz und bogen dann seitlich in eine kleine Rue ein, die uns zur Hauptstrasse führte, die die verlängerte Achse der Brücke darstellte.

Pascals Angebot für das Abendessen stand immer noch, so brauchten wir nur Baguette für das Frühstück kaufen, da wir nicht wussten, ob am nächsten Morgen eine Bäckerei aufhätte.

Auf der Hauptstrasse, der Rue Thiers, gab es wesentlich mehr Geschäfte als in den Nebengassen eben, aber das Angebot war sehr überschaubar, die Folge der großen Einkaufsstempel vor den Städten, die urbanen Zentren verkümmern dadurch.

An der Rue lagen auch einige Restaurants, die aber mehr nach besseren Kneipen aussahen, Pizza konnten wir auch in Düsseldorf essen. In der Nähe der Brücke wurden wir endlich fündig, zwar nicht nach unserer Vorstellung, aber die Bude sah am meisten nach Restaurant aus und wurde für den Abend vorgemerkt.

Unser Weg führte uns noch auf die Brücke, wir erhofften uns von hier einen Blick auf das alte Stauwehr der Saône mit seinem Nadelwehr, dass in den einschlägigen Kanalführern beschrieben wurde. Einhundert Meter weiter konnten wir es erblicken, es zog sich diagonal von einer Art Insel herüber an das gegenüber liegende Ufer und lag derzeit in einem Wust von Steinen und Erdhügeln, auch hier wurde gebaut. An dem anderen Ufer der Saône, unmittelbar über dem Wehr gelegen erblickten wir ein Haus mit einer Holzterrasse, an dem ein Schild das ganze als Restaurant Le Barrage auswies und mit einem Holzgrill für sich warb.

Wir hatten unseren Platz für das Abendessen gefunden. Guter Dinge ging es dann entlang der Reste der Stadtmauer zurück zur *INGRINE*, die nicht weit von der Brücke entfernt am Steiger lag. An Bord wurde der Strom kontrolliert, der wie erwartet vorhanden war, somit war auch hier alles in Ordnung.

Frische Luft macht hungrig und die Damen drängten uns zeitig rüber zum Essen zu gehen. Meiner Meinung war es für Frankreich noch zu früh um Essen zu gehen, aber wer hört schon auf den alten Kapitän?

Notgedrungen habe ich mich der Mehrheitsmeinung der knurrenden Mägen angeschlossen und die *INGRINE* mit dem Rest der Familie verlassen.

Wieder ging es durch den kleinen Durchgang vom Steg zur Strasse, dann rechts rum und hoch auf die Stadtmauer und fünfzig Meter weiter rechts auf die Brücke, von der wir noch einen Blick auf die *INGRINE* am Anleger werfen konnten. Inzwischen waren dort vier Boote an den drei Stegen vertäut, die mit uns hier die Nacht verbringen würden.
Nachdem wir am anderen Ende der Brücke lebend die Strasse überqueren konnten war es nur noch ein kurzer Weg bis zum Restaurant, das wir sodann betraten.
Und siehe da, wir waren viel zu früh dort. Die Kellnerin begrüßte uns mit den Worten, eigentlich würde erst um neunzehn Uhr geöffnet, wir könnten aber gerne Platz nehmen und auch Getränke bekommen, mit dem Essen würde es noch dauern, da der Grill noch nicht angefeuert worden sei.

Ich hatte nichts gesagt.

Wir suchten uns einen Aperitif aus, Pastis sei dank, der uns mit etwas Knabbergebäck serviert wurde. Uns wurden die Karten gereicht, so hatten wir ausreichend Zeit, um uns etwas Gutes auszusuchen, ich hatte ja auch noch die Aufgabe, die verschiedenen angebotenen Speisen auf der Karte für Helga und Lorena zu übersetzen.

Meine Wahl viel auf ein schönes Entrecote, das mit Prinzessbohnen als Beilage angeboten wurde und mir beim ersten Überfliegen der Karte auch direkt ins Auge gefallen war. Pascal entschied sich für ein Rumpsteak mit Salat von der Salatbar, die Wahl der Damen war nicht mehr bekannt.

Die Zeit bis das Essen kam vertrieben wir uns mit Erzählungen über die bisher erlebten Abenteuer mit unserer *INGRINE* und es folgten auch bereits die eine oder andere Anekdote, die wir an Bord oder im Umfeld erlebt hatten. Aus der offenen Küche kam langsam ein eindeutiger Geruch zu uns herüber, der uns vieles versprach und uns voll Vorfreude das Essen erwarten lies.

Dann war es soweit, die Bedienung kam mit den ersten Tellern an den Tisch und servierte uns Berge von Köstlichkeiten. Es wurde noch einmal Nachschub bei den Getränken geordert und dann konnten wir loslegen.

Nase und Auge hatten uns nicht zuviel versprochen, mit dem Restaurant und unseren ausgewählten Gerichten hatten wir voll ins Schwarze getroffen.

Es folgte noch ein Dessert für die Damen, die Herren begnügten sich mit einem Calvados, wie am Abend zuvor in Mantoche. Nach dem Zahlen sind wir noch ein paar Schritte näher an die Baustelle am Wehr gegangen, um noch ein paar bessere Fotos zu erwischen. Direkt am Ufer wurde am Wehr eine Fischtreppe angelegt, oberhalb davon gab es eine neue Terrasse, die als Aussicht über die Anlage diente, von hier hatten wir einen wirklich guten Ausblick.

Allmählich setzte die Dämmerung ein und wir machten uns auf unseren Rückweg zur *INGRINE*. Die ersten Straßenlaternen erwachten aus ihrem langen Tagesschlaf und tauchten die Straße und die Wege in das typische französische gelbe Licht, das uns bis kurz vor dem Boot begleitete. Der Steg selber war nicht beleuchtet und die letzten Meter vom Gehweg bis an das Boot waren nur mäßig beleuchtet.

Ich ging vor an Bord und machte Achtern die Laterne an, um dem Rest einen besseren Zugang zum Boot zu ermöglichen. Der Rest vom Abend lag noch vor uns und da es noch zu früh zum Schlafen war wurde ein Würfelspiel ausgepackt, das an den letzten Tagen bereits zum Einsatz gekommen war.

Bis dreiundzwanzig Uhr wurde noch gespielt, dann war Schluss für Heute, war ja auch ein langer Tag, Morgen geht es dann bereits auf die Rückreise.

Die Nacht war vollkommen ruhig, keinerlei Vorkommnisse. Am Ostersonntag wurde ein reichhaltiger Frühstückstisch gedeckt, soviel musste sein. Weit nach neun Uhr wurde dann der Tisch abgeräumt und der Motor gestartet, die *INGRINE* wurde für die Rückfahrt vorbereitet.

An Land kamen die ersten Osterspaziergänger vorbei, als wir das Stromkabel einrollten und die Leinen klarten. Den Wasservorrat hatten wir gestern am Nachmittag vor dem Essensgang noch aufgefüllt, alles war startklar.

Die Festmacher wurden eingeholt und langsam schob sich die *INGRINE* in das Fahrwasser und das erst Mal befuhren wir nun eine Strecke, die wir im Jahr zuvor schon befahren hatten.

Auf dem ersten Teilstück kamen wir gut voran, an der ersten Schleuse Poncey-lès-Athée standen wir aber vor einer roten Ampel. Helga und Lorena begaben sich an Land, um die paar Schritte zur Schleuse zu laufen, die mit zwei Mietbooten belegt war. Nach geraumer Zeit gingen die Tore auf und die Mietboote kamen heraus, sodass wir in die Kammer einfahren konnten. Helga und Lorena nahmen unsere Taue an und los konnte es gehen, da in unsere Richtung kein weiteres Boot unterwegs war.

Problemlos wie gewohnt ging die Schleusung vonstatten und die Damen kamen wieder zu uns an Bord, kurz bevor das Tor sich für unsere Weiterfahrt öffnete.

Im Oberwasser wartete bereits ein weiteres Mietboot auf die Einfahrt in die Schleuse, aber das ist nun einmal so.

Wir kamen gut voran und beschlossen wenig später, am Campingplatz in Lamarche-sur-Saône für eine Pause zu halten, so wie auf der Hinfahrt. Es war zwar erst kurz nach elf Uhr, aber was soll´s.

Die *INGRINE* wurde an das Ufer geführt und leichten Fußes sprang das Prisenkommando an Land, um die Taue zu empfangen. Und wieder gab es zahlreiche Mobilisten, die unser Anlegemanöver aus ihren Wohnmobilen heraus beobachteten. Kaum war die Maschine abgestellt, als Lorena an Land auch schon wieder Freundschaft mit einem kleinen Hund schloss, der mit seinem Herrchen dort für ein wichtiges Geschäft unterwegs war.

Der frühe Stopp wurde eingelegt, da wir damit rechneten, in Pontailler-sur-Saône keinen Platz zu finden. Dann lieber hier zu früh einen Platz finden als später dann gar nicht.

Nach unserem kleinen Snack bereiteten wir langsam unsere Weiterfahrt vor, als von Auxonne ein Frachter, die HUMANITE aus Luxemburg die Saône hochkam. Wir würden bald in dieselbe Richtung weiterfahren und damit mit Sicherheit irgendwann auf das Schiff auflaufen. Mit etwas Glück ist der Frachter zügig durch die Schleuse, dort biegt er mit großer Wahrscheinlichkeit nach links in den Canal entre Champagne et Bourgogne ein.

Die Taue der *INGRINE* wurden eingeholt und auf ging es auf die Weiterfahrt. Die HUMANITE hatte eine flotte Fahrt drauf und ich war zuversichtlich, nicht vor der nächsten Schleuse durch sie aufgehalten zu werden. Wir folgten dem Frachter in einem Abstand von einhundertfünfzig Metern auf den acht Kilometern bis hoch zur Schleuse von Heuilley, die wir fast zeitgleich erreichten. Für uns war durch die Schleusung der HUMANITE eine Wartezeit vorprogrammiert und um nicht im Fluss die ganze Zeit zu kreuzen legte ich am Warteponton an. Der Motor wurde abgestellt und ich folgte Helga und Lorena an Land, die sich aufgemacht hatten, um sich das Einlaufen des Frachters in die Schleuse anzusehen.

Die HUMANITE verweilte einen längeren Augenblick nur mit dem Vorschiff zwischen dem Unterwassertor, bevor die dann langsam in die Kammer einfuhr. Ich machte noch einige Fotos von dem Frachter und dem Platz, der zwischen den Bordwänden und der Schleusenmauer war. Schnell kamen wir mit dem Schifferpaar ins Gespräch, das sich mit einem anwesenden Schleusenwärter am besprechen war. Der Kapitän erzählte mit, dass im Moment des Einfahrens in die Schleuse ein Getriebeschaden entstanden sei, dass ihm bereits Schwierigkeiten gemacht hatte. Er wolle nun hier in der Schleuse sein mitgeführtes Auto abladen, um in Luxemburg ein Ersatzteil zu beschaffen.

Na, da haben wir ja noch eine weitere Wartezeit vor uns.

Der Frachter war in der Zwischenzeit oben angekommen und nun begann der Schiffer damit, in aller Seelenruhe sein Auto für das Abladen vorzubereiten.
Der Bordkran wurde hydraulisch in die richtige Position gebracht und das Verladegeschirr angebracht. Da er sich damit abmühte, hatte ich ihm meine Hilfe angeboten, die er gerne annahm. So kletterte ich an Bord der HUMANITE und ging ihm zur Hand.

Oben vor der Schleuse kreuzten zwei Mietboote, die in Unkenntnis des Geschehens leicht nervös hupten. Uns und dem Schleusenwärter war das total egal, der gute Mann von VnF blickte noch nicht einmal dorthin herüber. Stattdessen ging er zu seinem Häuschen und kam kurz darauf mit einem Pappkarton wieder, um uns ein Entenkücken zu zeigen. Das Kücken sei in die Schleusenkammer geraten und so von der Mutter getrennt worden, die unauffindbar gewesen sei. Nun zog er die Ente von Hand auf und er zeigte uns die Reaktion des Kückens, es wich dem Schleusenwärter nicht von den Füssen und rannte ihm immer hinterher.

Das war natürlich das Richtige für Lorena, die die Ente am liebsten adoptiert hätte.
Vor der Schleuse traf gerade das dritte Mietboot ein und einer der Bootsfahrer rief fragend auf Deutsch (in Frankreich !!) herüber, ob es ein Problem gäbe.
Ich rief zurück „Pas de problème", was dem Skipper aber nicht beruhigte. Der Frachter war eigentlich nicht zu übersehen und das Auto am Kranhaken hing über der Schleuse, er hätte sich denken können, dass diese Aktion Zeit kostete.

Das Auto war schwebend an Land eingetroffen und wurde auf der Wiese abgesetzt. Ich half noch beim Abnehmen des Hebegeschirrs, das an Bord in eine Blechkiste verstaut wurde. Der Schiffer bedankte sich noch bei mir und verschwand dann im Steuerstand.
Erst jetzt öffnete der Schleusenwärter das Tor und der Motor der HUMANITE wurde gestartet und langsam schob sich der Frachter

aus der Schleusenkammer und vertrieb die Mietboote, die wirr vor der Schleuse im Wasser herumtrieben.
Am Warteponton oberhalb der Schleuse, direkt hinter der Einmündung des Canal entre Champagne et Bourgogne, legte der Schiffer die HUMANITE an.

Die ersten beiden Mietboote begaben sich in die Schleuse, die nun aber wieder selber bedient werden mussten, der VnF-Mitarbeiter betreute nur die Berufschiffe.
Da es nun auch für uns bald weitergehen würde, machte ich mich auf zur *INGRINE*, um das Boot vorzubereiten. Pascal hatte die ganze Zeit an Bord gewartet und ließ sich nun von mir die Details erzählen, während ich den Motor anließ.

Das Schleusentor ging auf und die Mietboote kamen herausgefahren. Irgendwie wirkten die nicht wie im Urlaub, dabei soll Bootfahren so entspannend sein.

Pascal löste unsere Taue von dem Ponton und die *INGRINE* trieb in die Strömung und mit Langsamfahrt in die Schleuse, wo unsere Ankunft von Helga und Lorena mit dem Fotoapparat dokumentiert wurde.
Der Schleusenwärter nahm unsere Festmacher an und löste für uns die Schleusung aus, nicht ohne sich dann von uns zu verabschieden und in seinem Häuschen zu verschwinden.

Lorena hatte es nicht geschafft, ihm die Ente abzuluchsen.

Nach unserer Schleusung fuhren wir am der HUMANITE vorbei, von wo wir auf das Herzlichste verabschiedet wurden.
Die Strecke vor uns war frei und nach etwas mehr als einer Stunde ging unsere Fahrt nun weiter.
Nach dem kanalisierten Zuführungsstück hinter der Schleuse folgten die vierzehn Kilometer durch den Wald hoch nach Apremont. Langsam wurde besprochen, wie weit wir heute noch fahren würden, da der Rest bis Savoyeux am Ostermontag geschafft werden müsste, aber auch die Heimfahrt zurück nach Düsseldorf.

Durch den Urlausmäßigen Eindruck unserer Bootstour hatte niemand richtig Lust, daran schon zu denken. Die Übernachtung sollte erfolgen, wie sie halt kommt, je später desto besser.

Auch gut.

Mantoche wurde nach sechzehn Uhr passiert, alle Plätze waren frei, dennoch hielten wir nicht an, es hatte sich auf Grund des sommerlichen Wetters eine andere Idee an Bord verbreitet, die sofort von der Mannschaft aufgegriffen wurde.

Eisessen.

Um halb sechs trafen wir in Gray ein und legten mit der *INGRINE* unten am Quai Mavia an, dort wo wir auf der Hinfahrt zum Einkaufen kurz gestoppt hatten.
Das Boot wurde vertäut und ab ging es zu dem kleinen Restaurant, das ich mit Pascal und Frederik bei der Besichtigungstour schon ausprobiert hatte.
Auf der schönen Terrasse über dem Wehr war direkt vorne an der Mauer ein Tisch frei, den wir spontan besetzten. Die Damen testeten hier das Glace und die Herren mussten Bier und Rosé vernichten. Wir konnten es hier eine ganze Weile aushalten, bevor wir uns zur Weiterfahrt entschlossen.
Eine Schleuse wollten wir wenigstens noch packen, dann uns einen Liegeplatz für die Nacht suchen.
Vielleicht schafften wir es auch noch bis an den kleinen Ponton oberhalb der Schleuse von Rigny?
Kurz vor neunzehn Uhr lief die Ingrine in die Schleuse von Gray ein um nach kurzer Zeit oberhalb die Fahrt fortzusetzen. Alles lief bestens und um zwanzig Uhr kam die Schleuse von Rigny in Sicht.
Die Ampel stand zwar auf rot aber guter Dinge drehte Helga an der Stange, aber nichts passierte.

Es war wohl doch zu spät gewesen. Wenig später ging an der Ampel das Licht aus, endgültig Feierabend.
Dreihundert Meter hinter der Schleuse wartete ein leerer Ponton auf uns, der wohl heute auch leer blieb.
Tja, was nun?
Kurze Beratung, was zu tun wäre. Mit der *INGRINE* zurück bis nach Gray und dort am Schwimmbad übernachten?
Mit Helga alleine kein Problem, wir würden uns eine Stelle am Ufer suchen und dort die Nacht verbringen, aber würde das Lorena recht sein?
Wir sprachen das Thema kurz an und Lorena war sofort einverstanden, wenn wir einen sicheren Platz finden würden.
Unterhalb der Schleuse von Rigny konnten wir den Ort in kurzer Distanz erblicken, also waren wir nicht zu sehr in der Pampa. Das Echolot zeigte mir eine Wassertiefe von mehr als zwei Metern an und somit war klar, es geht vorsichtig ein Stück weiter auf der Saône nach Rigny und an einem freien Platz sollte dann die Nacht verbracht werden.
Nach zweihundert Metern passierten wir eine Stelle, die wohl von Angler gerne genutzt würde und ausreichend Freiraum hatte, hier sollte das Anlegen versucht werden.
Die *INGRINE* wurde von der Strömung leicht ans Ufer getrieben und Pascal konnte vorne den Festmacher um einen Baumstamm führen. Dann ließ ich das Schiff leicht nach hinten treiben und legte dort den hinteren Festmacher ebenfalls um einen Stamm. Somit war das Boot gut gesichert, hier konnten wir gefahrlos die Nacht verbringen.
Der Motor wurde abgestellt und der Weinkanister hervorgeholt.

Das war ein guter Tag.

Lorena konnte es sich nicht nehmen, uns am Abend zu bekochen und so hatten wir Anderen Zeit, ein paar Schritte an Land zu erkunden. Vom Boot ging der Trampelpfad der Angler zu einem

zwanzig Meter entfernt vorbeiführenden Weg, der nach Rigny führte.
Gegenüber vom Ort konnte man noch ein kleines Eckchen des Chateaus de Rigny erblicken, indem heute ein Hotel beheimatet ist.
Auf dem Weg zurück zum Boot bemerkten wir einen deutlich dunkler gewordenen Himmel und unsere erste Vermutung schien sich zu Bewahrheiten, man konnte in der Ferne ein leichtes Rumpeln und Donnern vernehmen.

Wenn wir Pech hätten dann würde es zur Nacht ein Gewitter geben.

Lorena hatte derweil das Abendessen fast fertig vorbereitet, als wir wieder an der *INGRINE* eintrafen.
Nach dem Abendessen wurde das am Vortag angefangene Würfelspiel fortgesetzt. Die Stimmung war gut und es wurde kaum noch auf das Donnern geachtet, das irgendwo noch zu vernehmen war. Möglich, dass es eine unruhige Nacht wird, falls es windig oder stürmig werden sollte.
Nach elf Uhr ging es dann in die Kojen, am nächsten Morgen sollte es früh weitergehen.

Kein Donnern und kein Gewitter hatte unsere Nachtruhe gestört. Um Sieben Uhr war alles still und friedlich an Bord, genauso wie im Umfeld der *INGRINE*.
Leichter Dunst hing über dem Wasser der Saône und der Himmel war wohl über Nacht von dem Wind, dass das Gewitter in der Ferne verursacht hatte, weggeweht worden.
Pflichtbewusst übersah ich die Kaffeekanne, füllte aber den Wasserkessel auf und setzte denselben auf den Gasherd. Um den Rest wollte sich Helga kümmern.
An Deck zeigte mein Kontrollgang keine Auffälligkeiten. Auf dem Boot lagen vereinzelt kleinere Stücke von den Ästen der Bäume, an denen wir uns für die Nacht angebunden hatten. Ganz entspannt

hingen die Festmacher um die Bäume, die Strömung zog nicht am Rumpf des Bootes oder zerrte an den Leinen.
Im Windschatten der nicht allzu hohen Bäume hatten wir hier sehr gut gelegen, vielleicht sogar besser als oberhalb der Schleuse am Ponton, da dort nur freie Felder waren.
Pünktlich zum Frühstück ging die Sonne auf und uns wurde ein weiterer sonniger Tag versprochen, so wie wir es an den ganzen Tagen erleben konnten.

Die Kombüse mit dem Abwasch wurde den Damen überlassen. Ich kontrollierte von Pascal unterstützt das Kühlwasser und das Motorenöl und reinigte den Seewasserfilter, bevor es daranging, den Motor zu starten, kurz nachdem an der Ampel das Licht anging.
Der Motor der *INGRINE* erwachte pflichtbewusst zum Leben und Helga und Pascal holten die Leinen ein. Das Schiff wurde vorsichtig von den Bäumen in den Fluss gedrückt und nach ausreichendem Abstand vom Ufer wendete ich im Fluss. Die fünfzig Meter bis zur Schleuse waren schnell vorbei und es wurde am Seil gedreht, die Ampel sprang auf grün und die Tore öffneten sich für uns.

Na bitte, geht doch.

Einen Metzer achtzig höher kamen wir auf dem Kanal, der uns an unseren angedachten Nachtplatz vorbeiführte, auf die Saône zurück.
Die Damen waren in der Zwischenzeit mit Decken bewaffnet an Deck erschienen und richteten sich zu einem letzten Sonnentanken vorne auf dem Schiff ein, Lorena hatte ihr Buch dabei, das sie förmlich verschlang, während es auf das kurze Teilstück bis zur Schleuse von Vereux ging.
Oberhalb der Schleuse kam ein wunderschönes Baumbewachsenes Kanalstück, das jetzt am Morgen durch die Sonne im richtigen Licht lag und mir ein schönes Motiv für mehrere Fotos gab. Ein letztes

Mal kamen wir über einen Kanalabschnitt nach einer Schleuse in den Fluss zurück. Nur noch neun Kilometer trennten uns von der Schleuse von Savoyeux, dann noch der Tunnel, dann der Hafen und alles ist vorbei.

Warum rasen Urlaubstage immer so schnell vorbei, während Arbeitstage nie enden wollen ??

Zu unserer Freude konnten wir die letzten Kilometer vorbei am Naturschwimmbad von Autet bis nach Savoyeux genießen, ohne dass uns ein anderes Boot begegnete. An der letzten Schleuse angekommen setzte ich Helga diesmal nicht am Ponton ab, sondern sie blieb an Bord, da unsere Leinen ja vom Schleusenwärter angenommen wurden.
Das Tor stand auf und die Ampel zeigte mit grün an, Einfahrt erlaubt. Die *INGRINE* wurde nach Backbord in die Kammer ausgerichtet und langsam ging es hinein. Beim Einfahren dröhnte der Motor lauter, da der Schall durch die fast vier Meter hohen Mauern reflektiert wurde. In diesem Moment kam uns auch schon von oben ein Bootshaken entgegen, an dem wir die Leinen hochreichen konnten. Die Enden der Taue kamen zurück nach unten und wurden vorne und hinten von Pascal und Helga übernommen.
Mit knirschendem Getöse schloss sich das Tor hinter uns, kurz darauf öffnete das Schütz im vorderen Tor und das Wasser kam recht schnell in die Kammer eingelaufen. In der Schleuse brodelte das Wasser wie in einem kochenden Suppentopf, aber erstaunlicherweise lag die *INGRINE* ruhig und tanzte nicht im Wasser umher. Zehn Minuten später waren wir oben angekommen und wurden von dem Schleusenwärter begrüßt, der uns im Vorjahr die Durchfahrt ermöglicht hatte.
Unser Dank für die flotte Aufwärtsfahrt wurde in Form eines kleinen Trinkgeldes übermittelt, was wir uns generell angewöhnt hatten, wenn eine Schleuse besetzt ist.

Im Tunnel kam uns ein Schiff entgegen, daher mussten wir einen kleinen Moment warten bevor es auf den letzten Kilometer ging.

Das entgegenkommende Boot war schon weit vorangekommen und erschien nun im Tageslicht in der Tunnelausfahrt. Wir durften nun die Schleuse verlassen, da der Kanal zwischen Tunnel und Schleuse breit genug für eine Begegnung war.
Das Lichtzeichen an der Tunneleinfahrt wechselte für uns auf grün und wir konnten ohne zu stoppen gleich weiterfahren.
Mit halber Drehzahl des Motors krochen wir durch die Röhre, da hier unter Tage das GPS keinen Empfang hatte, dass mir die Geschwindigkeit anzeigte.
Das Licht im Tunnel war ausreichend, dennoch waren Scheinwerfer und Positionslichter an, weil es so vorgeschrieben war.
Nach der kurzen Fahrt im Gemäuer erreichten wir die Ausfahrt und den zuerst schmalen Kanal, der sich nach fünfzig Metern auf das dreifache verbreiterte.
Im Bereich des Hafens kreuzte ein Mietboot im vorderen Bereich, wohl um dort einen Platz zu suchen.
Die Fahrt der *INGRINE* wurde verlangsamt, da ab der Straßenbrücke entlang des Hafens nur eine Geschwindigkeit von sechs Kilometer in der Stunde erlaubt war. Vorbei ging es an dem vorderen Stegbereich, von dem uns Stephan zuwinkte, zu unserem Liegeplatz im hinteren Teil des Hafens.
Heute waren deutlich mehr Eigentümer auf ihren Booten als bei unserer Abfahrt, das lag wohl an dem Ostermontag als Feiertag. Überall wurde geschrubbt und die Reste des Winters vertrieben.

An Backbord lag er nun da, unser Steg Nummer vier, an dem wir vorne am Ufer unsere Box hatten.
Ich gab einen kurzen Rückwärtsschub zum weiteren Abbremsen unseres Tempos und in Schrittgeschwindigkeit lenkte ich die *INGRINE* in den Bereich zwischen dem dritten und dem vierten Steg. Mit Leerlauf ließ ich das Boot weitertreiben, bis ich die richtige Höhe zum Eindrehen erreicht hatte. Dann folgte das Aufstoppen und das Drehen auf der Stelle mit drei vier Vor-

wärts/Rückwärtsschüben, nun lag die *INGRINE* mit dem Heck genau vor unserer Box.

Ein leichter Schub Rückwärts erfolgte zum Einparken in die Box, langsam kam der Steg näher.

Kurzes korrigieren durch knappe Vorwärtsfahrt, noch zwei Meter hörte ich von Helga, die mit dem Handfunkgerät hinten alles im Griff hatte.

Der Steg wurde erreicht und schon war Helga mit einem Tau an Land, um das Boot zu halten. Pascal folgte ihr sofort und sicherte die andere Leine.

Ich stellte den Motor ab bevor ich zu ihnen nach hinten ging und die Festmacher belegte.

Von Helga wurde der Landstrom direkt eingesteckt, ein gut eingespieltes Team.

Und so war unsere Osterfahrt zum Ende gekommen, genauso wie dieses kleine Buch.

Wann haben wir unseren nächsten Urlaub ??

Die INGRINE, hier noch als LY 7772, vor unserem Aufbruch in Migennes

Unterwegs auf dem Canal de Bourgogne

Nicht mehr viel Platz zwischen der INGRINE und dem Hotelschiff

Zwischenstopp zur Mittagspause

Nicht der fliegende, sondern der qualmende Holländer

Mittagspause mit Ausblick auf das Märchenschloß von Chateauneuf en Auxois

Die Bootsfrau dem Schleusenwärter bei der Arbeit helfend

Unser Ziel , der Hafen von Savoyeux in der Franche-Comte

Der unschöne Teil vom Burgundkanal zwischen Dijon und Saint Jean de Losne

Die letzte Schleuse vor der Saône in Saint Jean de Losne

Die Einfahrt von der Saône in den Rhein-Rhone-Kanal

Die INGRINE neben der RONFLEUR in Gray am alten Schwimmbad

Die Einfahrt in den Tunnel von Savoyeux kurz vor dem Zielhafen

Endlich geschafft, die INGRINE liegt an ihrem Platz im Hafen

Winterüberraschung bei unserer Ankunft im Hafen

Weihnachtsdekoration in Dampierre sur Salon im Winter 2010

Michael Reymann,

1959 in einem kleinen Vorort von Düsseldorf geboren, besuchte dort die Grundschule und später die Hauptschule im Nachbarort Erkrath. Seine schulische Laufbahn war geprägt von den zwei Kurzschuljahren, die er direkt nach seiner Einschulung erlebte und die ihm in den folgenden Jahren noch zu schaffen machten.
Mit Mühe erreichte er seinen damaligen Schulabschluss, den er viel zu früh erlebte.
Mit vierzehn kam er in die Lehre als Elektriker, was ihm wiederum durch seine Faszination für Technik einen Aufschwung erleben ließ. Mit zusätzlichen Kursen neben seiner Ausbildung erweiterte er sein Wissen und seine Fähigkeiten, eher er als einer der Besten seines Jahrganges die Ausbildung abschloss.
Unmittelbar danach gab ihm der mittlerweile erworbene Spaß am Lernen den Antrieb, um sich weiter neben seinem Beruf fortzubilden. So erlangte er die Mittlere Reife und das Fachabitur und begann ebenfalls nebenberuflich ein Studium der Elektrotechnik in Würzburg, das er als Zweitbester seiner Jahrgangsgruppe beenden konnte.
Zeitgleich wechselte er von seinem Ausbildungsbetrieb zum größten deutschen Hausgeräteherstellerin den technischen Kundendienst, dem er noch heute angehört.
Durch seine vielen Aufenthalte und Freundschaften in Frankreich erlernte er die Sprache dort vor Ort und kehrt immer wieder gerne an diese Orte zurück.
Der Autor war bis zum Tode seiner Frau verheiratet, hat zwei Söhne und mehrere Enkelkinder und lebt heute in einer festen Beziehung.
Durch viele Fachartikel und Veröffentlichungen von Berichten und Geschichten in Zeitschriften im In-und Ausland kam er zum Schreiben, das sich im Laufe der Zeit zu einem seiner Lieben entwickelte. Teile seiner Publikation sind in mehrere Sprachen übersetzt worden.

Sein größtes Hobby, der Wassersport, gab ihm letztendlich Ansporn dazu, seine Erlebnisse am und auf dem Wasser für andere begeisterte Skipper, und solche, die es werden wollen, niederzuschreiben.